中公新書 1824

大竹文雄著

経済学的思考のセンス

お金がない人を助けるには

中央公論新社刊

プロローグ　お金がない人を助けるには？

経済学者への質問

筆者の職業が経済学者であることを知った初対面の人は、たいてい「景気はこれからどうなるでしょうか？」とか「どの株が儲《もう》かるでしょうか？」ということを聞いてくる。経済学者とは、お金の儲け方とか、景気予測を研究している人だというのが世間の評価のようだ。もちろん、「景気はどうして変動するのか」とか「株価はどうやって決まっているのか」というのは経済学の大きなテーマである。しかし、景気を予測することや株価を予測することは必ずしも経済学者の主要な仕事ではない。世間の大人が経済学者に抱くイメージと、経済学者が実際にしている仕事のギャップを説明するのはなかなか大変である。

近所の小学5年生が「総合学習で経済学者にインタビューをしたい」という申し出をしてきたとき、お金儲けの方法を質問されると困るな、というのが最初の印象だった。質問の大まかな内容を聞くと、「助ける」をテーマにしてさまざまな人にインタビューをして、発表するのだという。「病気の人を助ける」ということで医者にインタビューをしたり、「介護の必要な人を助ける」ということで介護ヘルパーにインタビューをしたり、「病気の動物を助ける」ということで動物病院の獣医にインタビューをしているとのことであった。これらと同様に「お金がない人を助ける」ということで経済学者にインタビューするという。これなら答えられそうだ、とインタビューを引き受けた。

子供の質問は、素朴で大人ならば簡単に答えられるものもあれば、本質を突いていて簡単には答えられないものも多い。実際、筆者の回答のなかには、結構高度な経済学の考え方を使って答えなければならないものもあった。抽象度が少しでも高まるとあくびをしだす小学生のグループを前に、悪戦苦闘して答えたインタビューの様子を紹介しよう。

小学5年生の質問

Q1　お金がない人を助けるとき、どうやって助けるのですか?

A1　お金がなくて困っている人はたくさんいますね。ホームレスといわれる、家がなくて公園の中にテントで生活している人たちも増えてきています。とても生活に困っている人がいたら助けてあげたくなりますね。みなさんのなかにも、お金がなくて困っている人がいるかもしれません。今、お金に困っていなくても、災害にあったり、家族が病気になったり、仕事がなくなったりして、将来お金がなくて困ることになるかもしれません。お金があればあるほど幸福かどうかは別にして、生活をしていくのに最低限のお金がないと不幸であることは間違いないでしょう。

お金がなくて困っている人が家族や友達なら、親戚《しんせき》みんなで助けたり、友達みんなで助けたりすることが多いと思います。では、みなさんが直接知らないけれども、お金がなくて困っている人を、どうやって助ければいいでしょうか。みんながお金を出して困った人を助ける役割をしているのが、「政府」や「NPO」と呼ばれる組織です。

政府がお金がない人を助ける方法には、直接お金を渡して助ける「社会保障」と、お金を稼《かせ》ぐことを助けるために「仕事を紹介」したり仕事に就《つ》けるように「訓練」したりする方法があります。そのためのお金は主に税金でまかなわれています。社会保障には、生活保護と社会保険（年金や失業保険）があります。生活保護は、貯金が少ないこと、所得が少ないことを条件にして、貧しい人に政府がお金を支払う制度です。そのお金は、日本に住んでいる人々が支払っている税金がもとになっています。お金を稼いでいる人は、所得税という税金を支払っています。小学生でも買い物をした時に消費税という税金を払っています。消費税は買い物の金額の5パーセントを支払うものです。

社会保険・税金　社会保険は、あらかじめ保険料を支払っておいた人が、仕事がなくなったり、65歳をすぎたりした時にお金をもらう制度です。会社がつぶれたり、仕事を辞めさせられたりした時にもらう社会保険が失業保険です（正確には雇用保険の失業給付）。65歳以上になって仕事をやめた時にもらう社会保険が公的年金です。

税金そのものにも貧しい人を助ける意味があります。たくさんのお金を稼ぐ人のほうが、少ないお金しか稼がない人よりも、高い税率で税金を払います。税金を払うのは国民の義務ですが、豊かな人のほうがより重い負担をしているのです。

職業紹介・教育・訓練　直接お金を渡して助ける方法の他にも、貧しい人を助ける方法があります。仕事が見つからなくてお金がない人に仕事を紹介したり、仕事に就くことができるよう教育や訓練をすることです。無料で職業紹介をしているのがハローワーク（公共職業安定所）というところです。この方法のほうが、単にお金を渡すよりも、貧しい人が自分で豊かになれる方法を教えることができるという意味で優れています。

NPO・NGO

政府の他にも貧しい人を助ける組織があります。さまざまな人の寄付やボランティアをもとにして、貧しい人を助ける組織があります。NPO（非営利組織）という団体やNGO（非政府組織）という団体のなかには、そういう活動を行っているものがあります。駅で募金活動をしている人をみたことがあると思います。そうやって集めた募金や寄付金をもとに、貧しい人を助ける活動をしているのです。赤十字もNPOの一つです。

お金がない人を助けることの難しさ

「お金がない人をもっと助ければいいのに」、とみなさんは思うかもしれません。ところが、誰が本当に貧しいのかを調べることはとても難しいのです。家族や友達なら簡単ですよね。でも、よく知らない人だとどうでしょうか。たとえば、「100万円より少ないお金しか稼ぐことができない人には、90万円あげましょう」、という制度をつくったとします。一所懸命働いて110万円稼いでいた人は、なにもしないで90万円もらうのとどっちがいいのか考えてしまうのではないでしょうか。「たくさんのお金を貧しい人にあげることにします」、と決めたとすれば、みんなが働くのをやめてしまうかもしれません。でも、あまりにも少ない金額しかあげないと、貧しい人のくらしはとてもひどくなって、人間らしい生き方ができなくなってしまいます。子供たちも学校にいけなくなってしまうかもしれません。「本当に貧しい人をどうやって見つけるのか」、「どのくらいの金額を貧しい人にあげればいいのか」という問題は、なかなか難しい問題なのです。この点は、重要なので後でもう一度説明します。

Q2　お金持ちと貧しい人が、どうしているんですか？

A2　世の中には、お金持ちの家に生まれて資産がたくさんある人もいれば、貧しい家に生まれた人もいます。貧しい家に生まれた人でも、勉強ができたりスポーツができたり、商売が上手だったり、といった才能に恵まれた場合は、お金持ちになれるかもしれません。お金持ちの家に生まれても、無駄遣いばかりして仕事をしていないと貧しくなってしまうかもしれません。

運と努力　一所懸命仕事をしていても、会社が倒産してしまって、仕事がなくなって貧しくなることもあります。病気になって仕事ができなくなってしまうこともあります。お金を盗まれてしまうこともあるかもしれません。火事や地震でお金がなくなってしまうかもしれません。逆に、宝くじがあたってお金持ちになる人がいるかもしれません。

才能に恵まれて生まれるのか、病気になってしまうのか、会社が倒産してしまうのか、お金を盗まれてしまうのか、宝くじにあたるのか、といった運に左右される面はあります。一方で、まじめに働いたり、勉強を続ければお金持ちになれるのに、さぼってばかりいて貧しい人もいるかもしれません。

みなさんは、アフリカやアジアの貧しい国の人々よりも豊かな生活ができるという意味で運がよかったかもしれません。でも、しっかり勉強して技術や知識を身につける努力をしないと日本が貧しい国になってしまうかもしれません。努力して知識や技術を身につけることができるかどうかも、お金持ちと貧しい人の差の原因の一つです。

運と努力の区別は難しい

まとめると、お金持ちになるか、貧しい人になるかは、運がよかったのかどうか、ということと、努力を続けてきたかどうか、という二つのことで決まってきます。ところが、自分以外の人にはもちろん、自分自身でも、運が悪かったから貧しくなったのか、さぼってばかりいたから貧しくなったのかを区別することはとても難しいのです。貧しい人がみんな運が悪かったから貧しくなったのであれば、みんなで助けてあげるべきでしょう。貧しい人がみんなさぼっていたから貧しくなったのであれば、さぼらないような仕組みをつくっていくべきでしょう。貧しい人のなかには、運が悪かった人とさぼったから貧しくなった人の両方がいるのです。お金持ちも同じで、運がよかった人と努力を続けた人の両方がいます。

本当に困っている人を見つけだす方法

本当に運が悪くて困っている人だけをうまく見つけだす方法はあるでしょうか。特別な場合には、困っている人だけを見つけだす方法があります。

たとえば、学校で体育は嫌いだけれども、休み時間に校庭で走り回ることが大好きな小学生がいて、先生に「お腹が痛い」と嘘《うそ》をついて体育を休もうとしたとします。この場合には、先生がこの子供が嘘をついているかどうかを確かめるいい方法があります。それは、「お腹が痛い人は体育を休んでいいけれども、休み時間に校庭で遊ぶことはできません」と子供にいうことです。本当にその子供のお腹が痛かったら、校庭で遊べるはずがありません。貧しい人を助ける時にも、このような方法がうまく使えればいいのですが、実際には難しいですね。

Q3　なぜ同じ時間でも、やることによって給料が違うのですか？

A3　この質問には、二つの意味があります。一つは、人によって一時間働いてもたくさんの給料をもらえる人と、少ししか給料をもらえない人がいることについての疑問です。もう一つは、同じ人でも、違う仕事をしたら給料が違ってくることについての疑問です。

仕事というのは、なにか物を作ったり、人にサービスをしてあげたりすることです。物を作った場合には、その物の価値から材料費を引いたものが給料になります。人にサービスをしてあげた場合には、そのサービスの価値が給料です。

同じ仕事をしても、人によって給料が違うのはどうしてか

料理の値段を考えてみましょう。とてもおいしい料理を作るのが得意な人と、まずい料理しか作れない人がいたとします。同じ材料を使って、同じ時間で作られた料理であれば、おいしい料理には高いお金を支払って食べたいと思う人が多いでしょう。しかし、まずい料理にはお金を支払いたい人はいないでしょう。高いお金を支払っても食べたいと多くの人に思わせるような料理を作った人は高い給料をもらえますが、まずい料理しか作れなかった人の給料はとても低くなります。

なかには、まったく同じおいしさの料理を作れる人でも、もらえる給料が違うこともあります。同じレストランに長い間勤めている人と、まだ勤め始めたばかりの人がいて、どちらの人も料理の腕前が同じだったとしましょう。そんな場合では、長い間勤めている人のほうが高い給料をもらうこともあります。

どうして、そんなことがあるのでしょうか。料理を作る技術がまったく同じでも、やる気をもって仕事をしないと、おいしい料理が作れないかもしれません。給料がだんだん上がっていく仕組みのほうが、給料が変わらない仕事よりも、仕事に対する意欲が高まる人もいるでしょう。新しく雇った人は、なかなか本当の実力がわかりません。採用試験の時に、たまたま上手に料理が作れただけかもしれません。長く勤めている人なら、実力がよくわかっています。そうすると、長く勤めている人に高い給料を払うことがあるかもしれません。

人のやる気を高めるための給料の仕組みや、本当の実力がわからない時の給料の仕組みがあると、同じ仕事をしていても、給料が人によって違うということが生じてくるのです。

同じ人でも、違う仕事をすれば給料が違うのはなぜか

同じ仕事をしても人によって給料が違うのは、これでわかったと思います。でも、料理が上手ではなくてもがっかりしないでください。世の中には、さまざまな仕事があります。みなさんもこれは得意だけれども、これは苦手だということがあると思います。勉強は得意だけれども走るのは苦手とか、歌はうまいけれどもダンスは苦手とか。人は誰でも、得意なものと苦手なものがありますから、その人の一番得意なものを見つけて仕事をすれば、その人にとっては一番給料が高くなります。だから、自分に向いた仕事を見つけることが大事です。

運悪く、今の時代で一番給料が高い仕事と、みなさんが得意な仕事が違っていたとすれば、あまり高い給料がもらえないかもしれません。野球がとてもうまくてプロ野球の選手で高い給料をもらえる人も、プロ野球という職業が存在しない時代に生まれたら高い給料はもらえませんよね。パソコンのプログラムを書くのがとても上手な人も、パソコンがない時代に生まれたら、お金持ちになれなかったかもしれません。世界で一番のお金持ちは、ビル・ゲイツというパソコンのプログラムを作って売っている人ですが、パソコンがなかった100年前に生まれていたら、あんなにお金持ちになれなかったと思います。

やっぱり、運というのも高い給料がもらえるかどうかを決める要素の一つなのです。でも、運に恵まれたとしても、努力しないと知識や技術を身につけることはできません。運がよくて野球の才能があったとしても、練習しないとプロ野球選手にはなれません。努力して得意なことをのばしていくことは、もっと大事なのです。

インセンティブの視点

ここで紹介した小学校5年生と筆者のQ&Aには、経済学で重要な概念が数多く含まれている。金持ちと貧乏人という所得格差の発生理由を明らかにし、貧困を解消するための方法を考えることは、経済学に課せられた大きな仕事の一つである。所得の重要な部分を占める賃金に格差が生じる基本的な原因は、生産性の差である。個人間に生産性の差が生じるのは、生まれつきの才能、教育、努力、運・不運が、人によって異なるからである。

所得格差の縮小や貧困の解消が困難なのはなぜだろう。それは、お金がない理由についてよくわからないことが根本的な原因である。努力に応じて所得が得られるのが望ましい、という価値観をもつ人は多い。しかし、人々がどれだけ努力しているかということを知ることは、最も難しいことの一つである。生まれもっての才能が人によって違うため、同じ成果を得るために必要とされる努力レベルは、人によって大きく異なってくる。

努力水準が他人には観察できないため、人々に努力を促す手段として賃金格差が発生してくる。つまり、人々にインセンティブ（意欲）をもたらす手段として、賃金格差が存在する。一方、インセンティブをもたらす賃金格差をつけすぎると、運・不運による成果の差まで努力の差と間違われてしまうリスクが高まってしまう。もともと、運・不運によって所得が変動することを嫌う危険回避的な人であれば、運・不運によって発生する賃金変動を小さくすることを望むだろう。しかし、成果が異なっても賃金格差がない制度のもとでは、人々はやる気を失ってまじめに働かなくなってしまう可能性がある。これが、経済学でリスクとインセンティブのトレードオフ（二律背反）として知られる問題である。所得再分配の問題が難しいのは、基本的にはこのリスクとインセンティブのトレードオフが発生するからである。貧困のリスクを小さくするために社会保障を充実した途端、不運であると偽って、社会保障の受給者になることを望むものが出てくる。

社会におけるさまざまな現象を、人々のインセンティブを重視した意思決定メカニズムから考え直すことが、経済学的思考法である。貧しい人を助けなければならない、容姿に基づいた賃金差別は許してはならない、というだけで思考を停止するのではなく、その発生理由まで、人々の意思決定メカニズムまで踏み込んで考える。こうした思考方法を身につけることは、さまざまな日常の場面でも有益なのではないだろうか。

もう一つ、経済学で重要な概念は、因果関係をはっきりさせるということである。これは、経済学に限らず学問全般にいえることである。たとえば、「イイ男」と「結婚している」との間に相関関係があっただけでは、「イイ男は結婚してしまっている」という「イイ男」から「結婚」への因果関係が正しいのか、「結婚している」から「イイ男」になったという因果関係が正しいのかがわからない。前者であれば、たまたま結婚のタイミングが遅れた独身女性にとっては、独身のイイ男を捜すのは難しい。しかし、後者ならそのような考えは間違いであることになる。

この本の目的は、お金がない人を助ける具体的な方法を提示することではなく、お金がない人を助けることの経済学的な意味を考えてゆくことである。キーワードとなるのは、インセンティブと因果関係である。身近にあるさまざまな格差を経済学で考えてみることで、経済学的思考のセンスを体得していただければ幸いである。

経済学的思考のセンス　目次

帯・扉・本文イラスト　大塚砂織

経済学的思考のセンス

お金がない人を助けるには

Ⅰ　イイ男は結婚しているのか？

インセンティブと因果関係

- 女性が背の高い男性を好む本当の理由とは？
- イイ男だから結婚しているのだろうか？
- 肥満防止と自然災害対策に共通するものとは？

1　女性はなぜ、背の高い男性を好むのか？

三高

日本の女性が結婚相手の男性に求めるものとして、「三高」（高学歴・高収入・高身長）という言葉が流行したことがある。たとえば、平成十（一九九八）年版の「厚生白書」は、「一九五〇年代後半～一九六〇年代前半（昭和三十年代）生まれの女性たちにとって、郊外専業主婦生活は、それだけでは『夢』ではありえなくなった。高学歴で就業経験もあり、同級生や同僚として対等に男性と付き合い、一九八〇年代の華やかな消費文化も経験してきたこの世代の女性は、『単なる主婦』になるだけの結婚生活には、飽き足りなくなっていた。このような女性の変化をとらえて『キャリアウーマン』『三高志向』などさまざまな呼び方がなされた」と指摘し、その上で、女性の三高志向が晩婚化を招いた原因の一つで、それが少子化にもつながったと述べている。

もっとも、雑誌「CanCam」[1]によれば、最近では「三高」から「三低」に変わってきたという。ただし、女性の好みが、低学歴・低収入・低身長に変わったというのではない。三低とは、「低姿勢」「低リスク」「低依存」男のことをいうらしい。具体的には、「低姿勢」はレディファースト、「低リスク」は公務員や有資格者などの安定した職業、「低依存」は相手を束縛せず、互いの生活を尊重する男性のことを指している。なかでも、最重要視されているのが「低姿勢」だという。

どちらにしても、女性が結婚相手に望むもののなかでは、経済的要因は大きいのである。八〇年代後半というバブル時代には、「高収入」がキーワードであったものが、雇用不安の時代には「低リスク」がキーワードになったにすぎない。

身長プレミアム

三高のうち、高学歴は高所得と密接な関係をもっている。平均的には、学歴が高いほど高収入である。女性は単に学歴が高いことそのものを高く評価しているのではなく、高学歴が高所得と高い相関をもつことをよく知っているのである。もちろん、学歴が同じであるほうが、話題が合う可能性が高いというのもあるだろう。それでは、「高身長」というのは、単に「格好いい」という見かけだけを結婚相手に求めているということだろうか。体格のいい男性を好むというのは、生物としての本能的な好みなのかもしれない。
だが、ひょっとすると、身長の高さというのも、高収入という経済的な属性と関連があるのではないだろうか。それを、女性は経験的に知っているために、「三高」の男性を求めているのではないだろうか。

最近の報道によれば、中国では、労働市場や結婚市場で背が高いことが有利であることを背景に、身長を伸ばすためのストレッチ器具のCMがテレビで頻繁に流れ、足の骨を折って骨を伸ばすというイリザロフ法と呼ばれる手術を行うことで有名な病院もあるという[2]。

アメリカでは、身長の高さは職業的な生活においても個人的な生活においても、成功のための重要な要素だといわれてきた。その典型が歴代アメリカ大統領だとペルシコ、ポストルウエイト、シルバーマンの三人の経済学者が指摘している[3]。彼らによれば、アメリカ大統領選挙では、過去一三回のなかで一〇回の選挙で背が高いほうの候補者が勝っており（最近の例外がジョージ・ブッシュ大統領である）、歴代アメリカ大統領の身長は、その当時のアメリカ人の平均身長よりも高かったという。

ペルシコ教授らは、計量経済学的な分析により、身長が一インチ（二・五四センチメートル）伸びると賃金が何パーセント高くなるかを明らかにしている。その結果、一インチ身長が高いと、イギリス人男性では時間あたり賃金が二・二パーセント高くなり、アメリカ人の白人男性では一・八パーセント高くなることを示している。アメリカやイギリスの成人男性で身長が低いほうから二五パーセントのグループと、高いほうから二五パーセントのグループで賃金を比較すれば、その差は一三パーセント以上にもなるという。彼らによれば、アメリカ男性における黒人と白人の賃金格差は約一五パーセントであり、男女間賃金格差は約二〇パーセントであるという。つまり、身長による賃金格差は、人種間賃金格差や男女間賃金格差に匹敵するのである。

では、日本でも身長による賃金格差（身長プレミアム）は観察されるのだろうか。筆者らが行っている大阪大学二一世紀COEプログラムアンケート調査は、賃金に加えて身長や体重も調査している。このデータを用いて、日本の男性に身長プレミアムが存在するかどうかを大阪大学大学院の福澤洋樹氏が検証している。

福澤氏の暫定的な研究成果によれば、学歴、勤続年数、企業規模などが同じであったとしても、一センチ身長が高くなると時間あたり賃金は約〇・八パーセント高くなるという身長プレミアムが観測された。アメリカやイギリスでは、一インチあたり二パーセント程度の身長プレミアムであるから、日本の身長プレミアムはアメリカやイギリスと同じくらいである。一センチで〇・八パーセントであるから、一〇センチの身長差は八パーセントの賃金格差を、二〇センチの身長差は一六パーセントもの賃金格差を生むことになる。ただし、親の学歴や育った家庭の生活水準まで考慮すると、日本人男性の身長プレミアムは〇・五パーセントまで小さくなる。しかも、統計的にはこの〇・五という数字は、本当はゼロかもしれないという可能性を棄てきれないのだ。つまり、日本人男性の身長プレミアムは、子供の頃の人的投資の大きさを反映している部分が大きい。

なぜ身長プレミアムが存在するのだろう

農業や狩猟のように肉体的な能力が経済力の重要な決定要因だったと考えられる時代であれば、身長プレミアムが存在しても不思議ではない。しかし、オフィスでの仕事が多くなった現在で、しかも高所得の仕事の多くがホワイトカラーである状況で、身長が高いことがどうして経済的な成功をもたらすことになるのだろうか。

第一に考えられるのは、身長は経済学者には観察できないような所得稼得《かとく》能力を代理しているにすぎないという考え方である。身長が高いということは、子供の頃の栄養状態がよかったことを意味するので、育った家庭環境が裕福であったことを示している可能性がある。そうであれば、教育水準も高くなるであろうし、親のネットワークを通じて高い所得を実現できるかもしれない。ペルシコ教授らの研究は、これらの要因を考慮しても、依然として身長プレミアムが計測されることを示している。ペルシコ教授らは、子供の頃の学力テストの結果まで考慮しても、結果が変わらないことを確認している。

それでは、何が原因なのだろう。やはり、ホワイトカラーの時代においても、身長に代表される体力は、所得を決定する重要な要因なのだろうか。

ペルシコ教授らは、この点を明らかにするために、何歳の時点での身長が現在の所得に影響を与えているかを分析している。もし、現在の体力を身長が代理するだけであれば、大人になってからの身長が重要であって、小学生や中学生の時に身長が高かったかどうかということは関係ないはずである。彼らが明らかにしたのは、現在の賃金を決める上で最も重要なのは、現在の身長ではなく、一六歳の時点での身長の高さだということである。

では、なぜ一六歳時点で身長が高かったことが現在の賃金に影響するのだろう。彼らは、高校におけるスポーツやクラブへの参加状況を説明変数に加えると、身長プレミアムが小さくなることを発見している。つまり、一六歳時点で身長が高いと、体育会系のクラブに参加する可能性が高くなり、そうした社会活動によって、リーダーシップや組織を運営していくノウハウを学ぶ機会が高まるのではないだろうか。そのような能力を獲得することが、社会で成功する上で重要なのかもしれない。

運動部と労働市場

それでは、体育会系運動部の出身者は、日本の労働市場で有利なのだろうか。たとえば、スポーツ系サークルの出身者は、第一志望の企業に就職する確率が高いことを確認した研究がある（梅崎、二〇〇四）。しかも、それは単にOBのネットワークを直接利用することができたのが原因ではなく、クラブで獲得したリーダーシップなどの能力が評価されるためであるという。

大阪商工会議所は、企業が若手社員に求める能力のうち、重要なものとそれを身につけた時期について調査している（松繁、二〇〇五）。身につけておいてよかった能力としては、「困難にめげず、最後までやり抜く」「状況変化にフレキシブルに対応する」「自分の思いを伝えて相手を動かす」「チームに貢献し、役割を果たす」という能力があげられている。そして、これらの能力を身につけた時期・方法としては、小学校ではスポーツ、中学校から大学までは、体育会系の部活が多かったというのである。

大阪大学の松繁寿和教授は、体育会系クラブ・サークル出身者で昇進可能性が高かったのは、マネージャー・主事・会計の役割をしていたものであることを明らかにしている。また、松繁氏は、「企業で求められるのは組織を運営する能力」であり、「部活が能力や適性を磨く鍛錬の場としてある程度適して」いると指摘している（松繁、二〇〇四・二〇〇五）。

そうしてみれば、日本でも、青年期で身長が高いことが同級生の間でのスポーツにおける相対的な有利性を高め、運動部への加入率を高め、それが労働市場で成功するための訓練につながっているという経路が成り立っていそうである。

女性の本能？

身長プレミアムの源泉は、身長が高いと青年期における運動部への加入率を高め、それが組織を運営する能力の形成に役立つという点にあった。女性が、高身長の男性を好むのは、そうした背景を簡単に代表する誰にでもわかる指標であるからだろう。女性の直感力は実はそれにとどまらない。ペルシコ教授らの分析は、子供の所得に影響を与えるさまざまな親の属性のなかで、最も重要なものは父親の身長であり、父親の身長が高ければ子供の一六歳時点の身長が高いことを予測できるということを明らかにしている。

つまり、自分の子供に残せるもので最も重要なのは、身長であり、青年期に背が高い子供をもつためには、背が高い男性と結婚することが必要なのである。女性はこういうことまで「本能的」にわかった上で、三高男性を選んでいたのだ。

あきらめるのはまだ早い

身長が低い男性読者は、がっかりしたかもしれない。でも、あきらめるのはまだ早い。身長、学歴、企業規模、年齢、勤続年数などさまざまな個人属性を考慮したところで、現実の賃金を説明できるのは、せいぜい二〇％から三〇％程度である。あとの七〇％から八〇％は、個人の努力や才能のように統計上は観察できない要因で決まっているのである。

学生時代のように将来の所得が不確実な段階では、背の高い男性がもてるのは自然だ。同じ理由で、結婚年齢が低かった頃は身長が将来の所得の重要な指標であった。しかし、晩婚化が進んだ現在、女性が結婚する時点では、男性の身長以外の所得に関する情報が豊かになっている。女性の結婚相手に求める条件が「三高」から「三低」に変わってきたのも、そのあたりに理由があるかもしれない。背が低い男性にもまだまだチャンスがある。

1　「彼氏選びの条件が、一五年前とガラリと変わった…とのウワサを徹底検証！　三低クンvs三高クン」「CanCam」二〇〇四年一月号
2　http://www.local6.com/news/4574140/detail.html
3　Persico, Nicola., Andrew Postlewaite, and Dan Silverman（2004）

2　美男美女は本当に得か？

リクルート整形

就職活動に備えて行う美容整形外科手術を「リクルート整形」というそうだ。不況で就職が難しいと、なかには美容整形を行ってでも就職先を見つけようという人もいる。「読売新聞」（二〇〇二年十二月七日夕刊）が「韓国日報」のつぎのような報道を伝えている。

韓国のインターネット就職情報会社が求職中の男女約五千人にアンケートしたところ、男性の九・三パーセント、女性の二二・三パーセントが整形経験者だったという。整形した部位は女性の場合、「目」（五八・二パーセント）、「鼻」（一七・二パーセント）、「皮膚」（一四・八パーセント）の順であり、男性は「皮膚」が四五・三パーセントで最も多かった。また、「就職のため、容姿に投資するか」の質問にも、八六・一パーセントが肯定したという。

プチ整形

日本でも、比較的安くて手軽な「プチ整形」と呼ばれる美容整形を受ける大学生や再就職を目指す中高年男性が増えているという（「東京新聞」二〇〇三年一月二十三日夕刊）。「東京新聞」の記事では、「プチ整形」について賛否両方のコメントを掲載している。まず、「美容整形で名高い都内の病院の院長」の「車でも性能が同じなら外装がいい方を選ぶでしょ。中高年は住宅ローンや子どもを抱えて、きれい事を言ってる場合じゃない。人と同じことをやってちゃ世の中通用しないんですよ」という整形の経済効果を肯定するコメントだ。つぎに、「就職問題評論家の赤池博氏」の「まったく無意味。内面を磨く以前に採用結果だけを求め、面接さえクリアすればいいと顔を変えている」、「『外見の変化で自信を持つなど精神的な効果はある』としながらも、『リストラされた中高年は、わらにもすがる思いで整形を受けるのだろう。危険な傾向』」という批判的なコメントである。

果たしてどちらが本当なのだろうか。実際、美男美女でないと就けない職業もある。俳優、モデル、アナウンサーといった職業は、他の能力が同じであれば美男美女であるほど評価が高くなる職業であり、そういう職業に就く人のなかでは、美男美女ほど所得が高くなることは容易に想像できる。しかし、多くの職業では、直接その容貌《ようぼう》が生産性に影響を与えるとは思えない。そうだとすれば、容貌と生産性が無関係な職業に就く場合に、わざわざ整形手術をしてまで容貌を美しくすることが、本当に見合うのだろうか。

美男美女がいい就職機会を得るのか、労働市場でより高い賃金を受け取るのか、昇進が早いのかといったことに関する日本における実証研究は残念なことにまだない。

美人の経済学

アメリカの経済学者のなかには、こういうテーマまで実証的に分析してしまう人がいる。テキサス大学のハマメシュ教授らである。彼らはアメリカ、カナダ、中国のデータを用いた一連の研究で、面接した人の主観的判断で「美男美女度」を計測し、その「美男美女度」が賃金に与える影響を計量経済学的に分析した[1]。その結果、学歴や年齢などの要因をコントロールしても、「美男美女」は「不器量」な人よりも高い賃金を得ていることを明らかにしている。また、彼はアメリカの一流ロースクールの卒業生の所得データを在学時の写真の「美男美女度」から説明し、能力がきわめて均質で同じような職業に就くグループにおいても美男美女のほうがより所得が多く、その効果は卒業後の時間が経過するほど大きくなることを示した（Biddle and Hamermesh, 1998）。

さらに、オランダの広告会社では、重役の美男美女度が高いほど企業の業績がいいことも明らかにされている。しかも、業績がいいからその会社に美男美女の重役がいるという逆の因果関係にあるわけではないことも確認されている（Pfann他、二〇〇〇）。

「美人の研究が経済学になるのか」と驚く人もいるかもしれない。そもそもどうやって「美人」の程度を測るのだろう。「美人」に関する調査は可能なのだろうか。それに、ケインズが株式市場に「美人投票」のたとえを使ったように、「美人」の定義は人によって違う。そのような主観的なものが、厳密な実証分析に耐えられるのだろうか。ハマメシュ教授は、美人に関する好みが人によって異なる可能性について、きちんと統計的にチェックしている。もちろん、評価が完全に一致するわけではないが、ケインズの言葉とは異なり、性や年齢を異にした評価者の美人度に関する評価の間には、かなり高い相関があることを明らかにしているのだ。

美人の経済学は意味があるのか

「美人」の経済学的研究は何か意味があるものだろうか。実は、美人が労働市場で得をしているのかどうか、得をしているとしたらどういう理由なのかを明らかにすることは、労働経済学的にはきわめて重要なことである。

仮に、美人が労働市場で得をしていたとしよう。その理由には、経済学的につぎの三つが考えられる。第一に、美男美女の生産性とは無関係に、美男美女を雇いたいという雇用主の好みから美人が高い賃金を得るという、雇用主による一種の差別が原因となっている場合である。第二に、顧客が美男美女の従業員に相手をしてもらうことを喜ぶことから美男美女の生産性が高くなり、その結果賃金が高まる場合がある。第三に、俳優の例のように美男美女であることそのものが生産性を高める場合も存在する。

第二、第三の理由の場合は、生産性の裏付けがあるため、容貌で賃金に差が生じることには、効率性の観点からはなんの問題もない。このような場合に、容貌による採用差別や賃金差別を禁じる法律をつくることは、社会全体の生産性を引き下げることになる。極端な話、テレビ俳優を選ぶのに、容貌を理由にしてはいけない、ということになってしまう。それは、多くの人にとって不幸なことである。

では、どういう方法で容貌の差による所得格差を解消すべきだろうか。容貌の差による所得の差は生まれ持っての資質の差が原因なので、機会均等の観点からの政策的な介入をするとすれば、ハーバード大学のバロー教授が提案するように「美男美女税」、「不器量補助金」が経済学的には正しい政策ということになる（Barro, 2002）。不器量な人は、このお金で「リクルート整形」をするのも自由だし、他に使うのも自由ということになる。もっとも、自己申告制にした場合、「美男美女税」の負担者数や「不器量補助金」の申請者数がどの程度になるのか、筆者にはわからない。「美男美女税負担者証明書」を発行することにすれば、大幅税収アップを見込めるかもしれない。

しかし、第一の理由のように、生産性の裏付けがなく、雇用主の好みによって賃金が異なってくる場合には、容貌による賃金差別を禁止したほうが、経済全体の生産性は高まる。仮に、企業間の競争が十分に高ければ、わざわざ高い賃金を支払って美人を集めているような会社は、長期的には競争力が低下して市場から退出せざるをえないはずである。そのような経営者の好みを反映できる会社は、競争がゆるい規制産業に限られることになる。

雇い主の好みが原因か

ハマメシュ教授は、「仮に雇用主の好みが賃金格差の原因であれば、自営業者の所得には『美男美女度』は影響しないはずだ」、という仮説を提唱し、実際にその仮説を検証している。その結果、自営業であっても同じように「美男美女度」が賃金格差をもたらすという結果を得ており、雇用主差別仮説をしりぞけている。美人弁護士は訴訟弁護士に多いこともハマメシュ教授が明らかにしているが、弁護士の専門分野によって美人度の賃金への影響が異なるかについては、はっきりした結果は出ていない。今のところ「顧客差別が原因なのか」、「本当に生産性の差があるのか」、については決定的な結論は得られていないのである。

かつて、人材派遣会社の名簿が流出しネット上で売買された事件で、名簿にはA、B、C

という「美人ランク」がつけられていたという（「中日新聞」「産経新聞」一九九八年一月二十九日朝刊）。こうしたランクの存在が、美貌が労働者の能力の一つであるということの証《あかし》かもしれない。経済学者としては、そのようなランクによって、どの程度派遣料金が異なってくるのか、どのような企業や職種でランクの高い労働者への需要が高いのかを知りたいところである。そういう情報があれば、「美人」の経済分析で「画期的」な研究ができるかもしれない。

1 Hamermesh, Daniel S. and Jeff E. Biddle（1994）, Hamermesh, Daniel S., Xin Meng and Junsen Zang（1999）, Harper, Barry（2000）

3　太るアメリカ人、やせる日本女性

アメリカ人はなぜ太ったのか

毎日のようにダイエットという文字が入った折り込み広告が家庭に配られてくる。ダイエット効果を謳《うた》った食品や飲料もスーパーマーケットにはあふれている。多くの日本人（特に女性）が、肥満のことをとても気にしていることを反映している。どうして、これほど肥満が問題になってきたのだろうか。豊かになれば、必然的に生じてくる問題なのだろうか。

ハーバード大学のカトラー教授、グレーザー教授とシャピロー氏は、過去二〇年間でアメリカ人の肥満が急激に増えた理由を経済学的に分析している。[1]他の先進国でも肥満が増えているが、アメリカほど肥満が急増している国は他にないし、肥満比率が高い国もない。実際、肥満の指標であるBMI（体重kg／（身長m）^{2}）が三〇以上の人口比率を国際比較したOECD（経済協力開発機構）の統計（図I-1）では、アメリカ人の肥満比率は約三一パーセントで他の国よりも圧倒的に高い。日本人の肥満比率は約三パーセントで最も肥満が少ない国となっている。[2]

アメリカで肥満が増えた直接的な原因は単純である。一九八〇年以降アメリカ人のカロリー消費量があまり変わっていないのに、カロリー摂取量が著しく増加したからである。問題は、なぜアメリカ人のカロリー摂取量が過去二〇年間で増加したかということである。

そこで、経済学が登場する。カトラー教授らは、食品調理の準備における「分業」の進展がアメリカ人の肥満をもたらしたのだという。真空パック、保存設備、冷凍、人工調味料、電子レンジといった技術革新が、個人による調理から大量調理へと調理方法の転換をもたらした。この調理方法の転換は、料理や調理に要する時間を短くさせたために、消費される食物の量と多様性を増すことになったのである。つまり、この調理における技術革新が、食事の準備のための時間を短くさせたことこそが、アメリカ人の肥満が増えた理由だというのである。彼らは、この仮説をつぎの四つの事実からサポートしている。

第一に、アメリカ人のカロリー摂取量の増加は、食べ物摂取量の増加に起因するのであって、よりカロリーの高い食べ物を摂取するようになったことに起因するのではない。第二に、大量生産加工食品の消費は、過去二〇年間に最も増加しており、アメリカ人の肥満が増加した時期と一致している。第三に、一九七〇年において生活時間のなかで調理時間が最も長か

図Ⅰ－1　肥満比率の国際比較

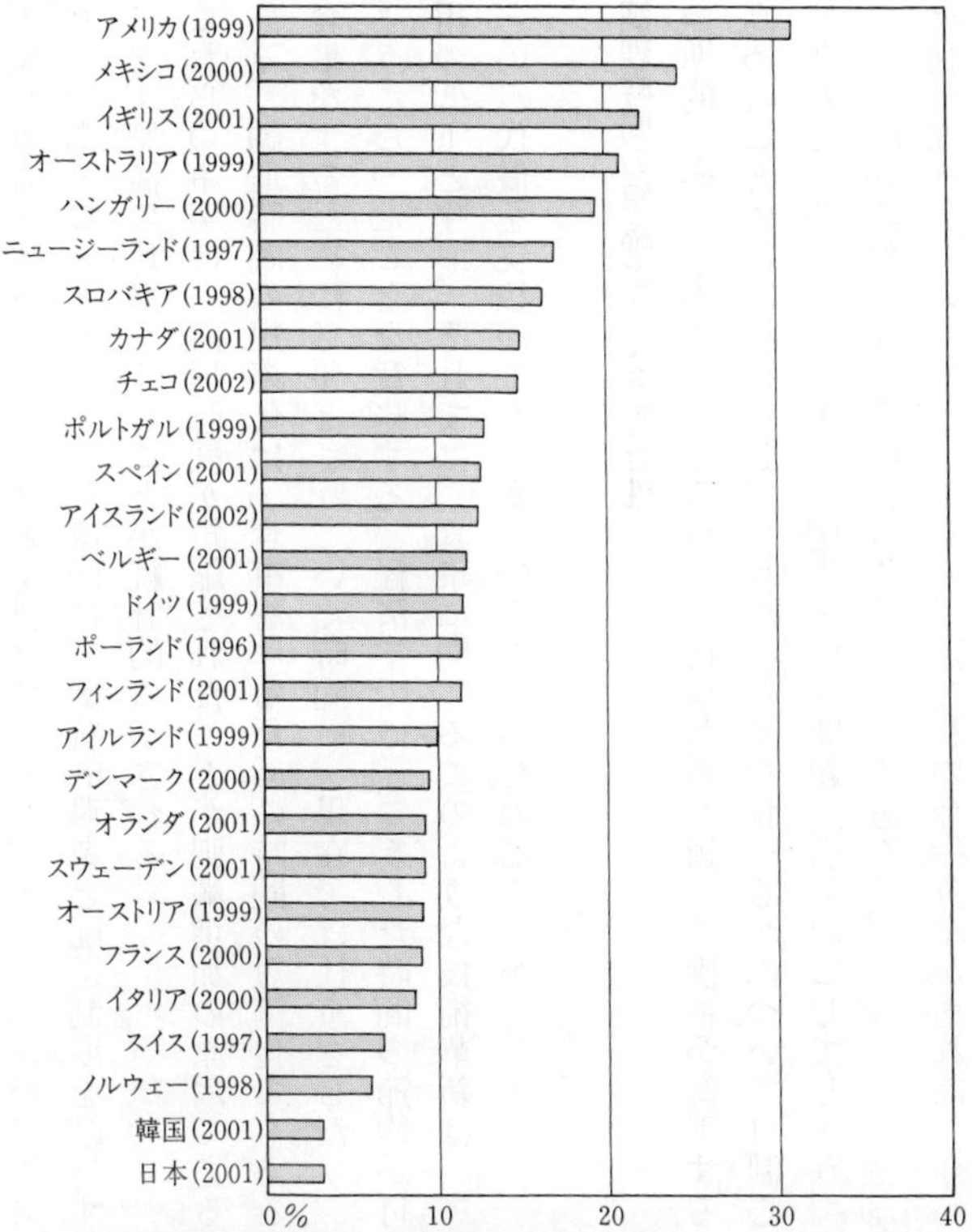

注　肥満比率は、BMIが30以上の人口比率で定義されている。
ただし、BMI＝体重kg/(身長m)^2
オーストラリア、イギリス、アメリカの数値は自己申告ではなく、身体測定によるもの。身体測定によるもののほうが自己申告による調査よりも肥満指数は高くなる。
OECD "Health Data 2003" より作成

った既婚女性の調理時間が近年最も減っており、アメリカにおいて最も肥満が増えたのも既婚女性であることと対応する。第四に、伝統的農業と配送制度を維持するための規制が強い国ほど、肥満の比率が低いことが統計的に示される。

これらの事実は、調理時間が短縮されたことが肥満増加の原因であるという仮説と整合的である。調理時間の短縮化は、食事をするための時間の短縮化でもある。それは、かつてなら食事をするために必要とされていた時間に、現在では仕事をしたり、余暇を楽しんだりするようになったことを意味する。経済学では、こうした時間の節約が可能になることを時間費用の低下と呼ぶ。それでは、食事に関するこのような技術革新は、アメリカ人にとって肥満という代償を支払っても好ましいものだったのだろうか。

調理時間の短縮と時間非整合性

標準的な経済学の観点からみれば、技術革新を通じて価格が低下することは、人々の厚生を高めることになる。しかし、どれだけの量を食べるかについて自制心が十分にないと、食事に関わる時間費用の低下が、肥満という問題を引き起こしてしまう。これは、最近の経済学では、時間非整合性と呼ばれる問題の一つである。

年利が五パーセントで一〇年間の固定金利の金融資産があれば、今から一年後の収益率も、五年後から六年後にかけての一年間の収益率もどちらも同じ五パーセントである。同じように、もし三〇分後に食事をするか四〇分後に食事をするかという場合に、四〇分後に食事をしたいと考えていた人なら、三〇分経過した時点においても、その一〇分後に食事をとることを選ぶはずである。

しかし、多くの人は、実際に三〇分経過した時に、その時食事をするか一〇分後に食事をするかを改めて聞かれると、その時点で食事をすることを選ぶのではないだろうか。[3] もし、食事の準備に時間が一〇分かかれば、人々は最初の計画を変えることができない。ところが、食事の準備が即座にできるのであれば、最初の計画を変えて食事の時間を早めてしまう。好きなことであれば、最初の計画よりも早くしてしまい、いやなことであれば最初の計画を先送りしてしまう。食べることが好きで、運動することが嫌いな人であれば、食べることは前倒し、運動は先送りになるので、どんどん肥満が進んでしまう。

これを解決するには、最初に決めたことを変えないというコミットメント（確約）が必要である。決まった食事の時間以外に食べることができないような環境に身をおくのも一つである。食事をとることに非常に時間がかかるのであれば、コミットメントがあるのと同じ効果がある。職場や学校で間食ができない規則があれば、意志の弱い人でも間食をとることはできない。しかし、自宅にいる場合に、スナック菓子やインスタント食品・レトルト食品があれば、そのような決まった時間以外には食事をとらないというコミットメントを守ることが難しい。その結果、過食が進んで、肥満になってしまう。

ミクロネシアのコスラエ島やナウル島では、肥満問題が深刻で平均寿命が短くなっている。コスラエ島はアメリカからの補助金で、ナウル島はリン酸塩の採掘で急激に裕福になった。もともと遺伝的に太りやすい体質だった島民の食生活が、伝統的で調理に時間のかかるパンノキやココナッツの実を中心としたものから、調理に時間のかからない缶詰等の加工食品を中心としたものに変わったことが、肥満の原因として指摘されている（シェル、二〇〇三）。

食べ過ぎることを十分に抑制できない人や体重を減らすために運動をすることができない人の場合は、食事に関わる時間費用の低下が肥満や病気をもたらすため、生活水準を引き下げる要因になる。しかし、料理や調理の時間が二〇分短くなったことが、食欲の自制を不可能にし、増えた体重を減らすために毎日一五分余計に運動することになったとしても、それでも料理や調理時間の短縮化は五分の自由な時間を増やしたと解釈することもできる。極端に自制心がない人たちを除けば、このメリットのほうが体重増加のコストよりも大きいはずだ、とカトラー教授たちは主張するのだ。

太る日本人男性、やせる日本人女性

カトラー教授らの肥満の増加に関する説明が、日本にもあてはまるのだろうか。図Ⅰ-1でみたように、日本は国際的にみると非常に肥満率が低い。たしかに、農業に関する規制は多いほうかもしれない。しかし、日本において肥満の比率が増えているのは、女性ではなく、男性である（二九ページ、図Ⅰ-2、3参照）。日本の男性の食事の準備に関わる時間が、女性よりも短時間化しているわけではない。食料品に関する規制がより高まったわけでもない。

過去二〇年間にわたってパートタイム労働を中心に女性の雇用率が高まったことで、日本女性にとって食べ過ぎないようなコミットメントをすることがより容易になった可能性はある。しかし、男性の肥満の増加はそれでは説明できない。むしろ、男性で長時間労働者が顕著に増えていることがより大きく影響しているのではないだろうか。労働時間そのものは、長期的にみると一九八〇年代より最近のほうが短い。しかし、週休二日制の普及で平日の長時間労働は、最近のほうがより深刻であろう。特に、リストラの進展で労働者数が減ったため、平日に長時間労働をしている男性は増えていると考えられる。
「国民栄養調査」（一九九七）によれば、「朝食を欠食する者では夕食も不規則で、夕食後の間食も多く、一日全体の食生活のリズムの乱れが見受けられる」。また「夕食に塩分の多い食品や料理を食べる」「夕食に揚げ物が多い」「夕食に野菜を食べない」「夕食に主食抜き」という回答も〝欠食あり〟の者に多く、「朝食を欠食する者では、夕食内容にも偏りがみられる」ということで、欠食者は肥満につながりやすい不規則な食事と夕食後の間食が多い。実際、肥満者の多くは、夕食後の間食が多いことも示されている。

一方、「国民栄養調査」（二〇〇二）によれば、男性の三〇歳以上五九歳以下の層で、ふだん朝食を「ほとんど毎日欠食」または「週二〜五回欠食」しているという人々が一九九一年と比較して増加している。これに対して、女性の「欠食」習慣の者は、三〇代のみ増加しており、二〇代、四〇代では減少している。九〇年代の男性の長時間労働者の増加が、男性の「欠食」習慣者を増やし、肥満比率を高めたのではないだろうか。これに対し、女性のパート労働比率の増加は、食べ過ぎないというコミットメントを容易にする一方で、「欠食」をもたらすような長時間労働は少ないことを反映しているのではないか、という推測ができる。

別の仮説としては、九〇年代の不況における所得低下に対して、女性は体型を維持することで洋服代を節約し、男性はファストフードでの食事を増やしたり、脂肪分の多い食事をと

図I－2　日本人男性の肥満比率の推移

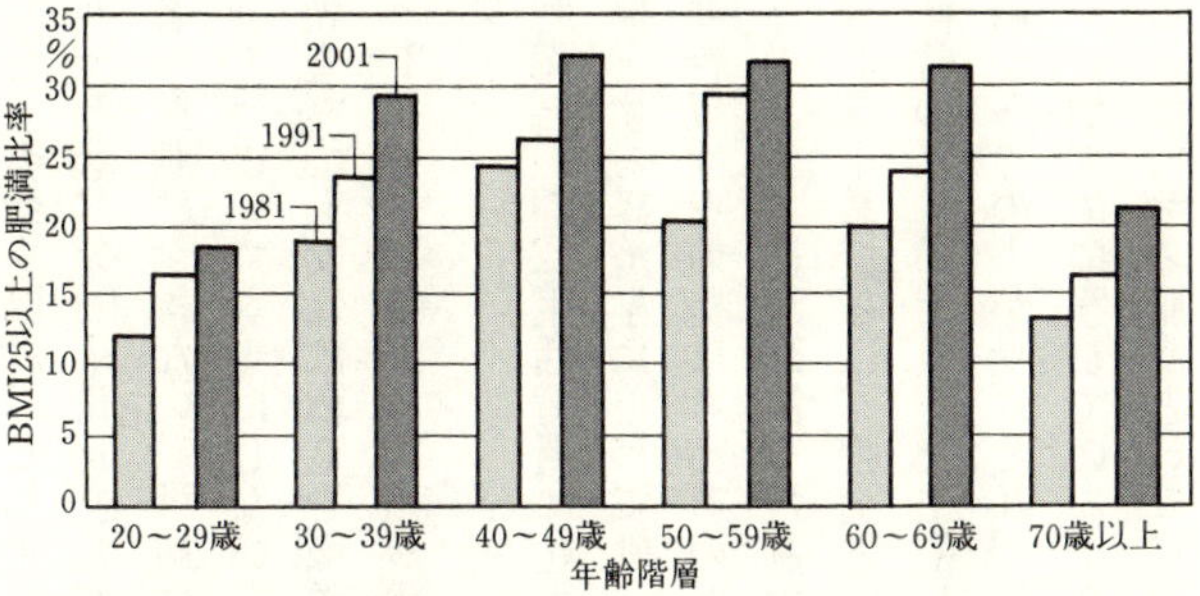

「国民栄養調査」(厚生労働省)より作成

図I－3　日本人女性の肥満比率の推移

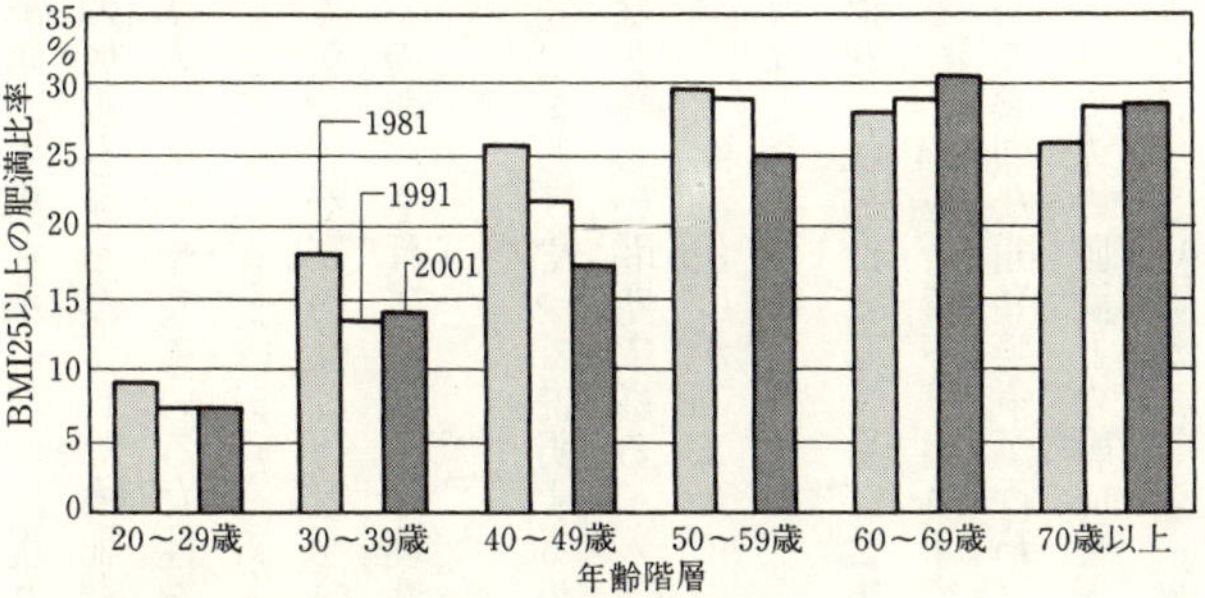

「国民栄養調査」(厚生労働省)より作成

ることで食費を節約した結果が、肥満傾向の男女差となって現れたのかもしれない。
もっとも、労働時間仮説も不況原因仮説もきちんとした検証をしたわけではないので単に筆者の推測にすぎない。単純に、日本人男性がやせている女性を好み[4]、日本人女性は男性が多少太っていても気にしないということを反映しているだけかもしれない。実際、「国民栄養調査」でも女性は体重を気にする人が多いが、男性は体重を気にしない人が多い。では、どうしてそういう好みの差が生まれるのか、それには何か合理性があるのか、を知りたいところだ。

肥満という、生活習慣に起因する問題をどうやって説明するかは、人々の合理的な行動を前提とする経済学にとっては、なかなか難しい問題である。人々の時間非整合性という一種の非合理性を前提に考えるのか、肥満しても満足度が高まっているという合理性を前提に考えるのかで、経済政策や規制のあり方は大きく異なってしまう。

カトラー教授らは、肥満という代償を支払ったとしても、食事に関する時間コストの低下の便益のほうが大きいと主張している。しかし、胃バイパス手術という肥満治療のための難手術を多くの人が受けたり、抗肥満薬の熾烈《しれつ》な開発競争が行われたりと、シェル氏が『太りゆく人類』で描写しているようなアメリカ人の肥満との戦いを考えると、自由な時間が増えることに対する肥満という代償はそんなに小さいのか、筆者には不思議に思えてくる。ひょっとすると、アメリカ人経済学者が自己肯定的な論文を書いているだけではないか、という疑いをもってしまう。単に、食事の中身にこだわらない文化が、技術革新のもとで肥満問題を抱え込んだといえるのではないだろうか。食事にうるさい日本の文化が残るかぎり、彼らがいう意味での肥満問題は日本には発生しないだろう。もっとも、ファストフードのフライドポテトが大好きな子供たちをみていると、日本人が肥満問題で悩み、それを自己肯定的に考えるようになるのも、そんなに遠い将来ではないかもしれない。

1　Cutler, David M., Edward L. Glaeser and Jesse M. Shapiro (2003)
2　ただし、日本肥満学会肥満症診断基準では、BMI二五以上が肥満とされている。また、この統計で用いられた日本の統計は、自己申告であるため、肥満比率が少なめに出る。身体測定を行い、BMI二五で判断すると肥満比率はより高くなる（図I－2、3の数字は実測値による肥満比率）。
3　時間非整合的な経済行動については、多田（二〇〇四）がわかりやすく解説している。
4　筆者の好みがそうであるというわけではなく、一般的な話である。

4 イイ男は結婚しているのか?

負け犬

エッセイストの酒井順子氏は、ベストセラーになった『負け犬の遠吠《とおぼ》え』の中で、「未婚、子ナシ、三十代以上の女性」を負け犬と呼んだ。三〇代以上で既婚、子アリの女性は、勝ち犬である。酒井氏は、負け犬の大量発生の原因には不倫があるという。

……軽い気持ちで行なった不倫が、独身女の婚期を遅らせる……だけならまだしも、その婚期を奪うということもままある。たとえ、不倫を継続しなくとも、不倫によって年上の男性の経済力や包容力等の味を一度しめてしまった女性の目に、同年代の男性がつまらなくみえてしまうことも、ままあります。

「負け犬」が将来結婚できるかという議論のなかで酒井氏は、「マトモな男の人はもう絶対結婚してるって。……まともな人がいいんだったら、もう掠奪《りゃくだつ》しか手は無いと思うよ」という発言をしている。

酒井氏の主張には三〇代の独身女性から絶大な支持がある一方、結婚し子供をもった女性のなかには、「勝ち犬」といわれても馬鹿にされているだけで、どこか違和感があるという意見をもっている人が多いようだ。

ここでは、「マトモな人はもう結婚している」という指摘から、結婚と仕事の関係について考えてみたい。女性にとって魅力的な男というのと、仕事ができるかどうか、というのはどういう関係があるのだろう。「マトモな人はもう結婚している」という意見は、本当に因果関係をもとにした発言だろうか。ここには、相関関係をもとに因果関係を議論することの危険性がある。

酒井氏が指摘するように、三〇代後半になるとマトモな男は結婚している、というのは、マトモな男から結婚していくのであれば当然だ。結婚市場では魅力的な人から結婚しているはずだからだ。ここでは、マトモな男・魅力的な男というのが変化しない固定的なもので、結婚は魅力の度合いによって決定されると考えられている。

しかし、結婚したからマトモな男になったという可能性も否定できない。つまり、結婚が原因で、男の魅力はその結果であるという可能性である。実際、奥さんが似合う服を選んで、身だしなみを整え、魅力的な男にして、仕事にも専念できる環境をつくっているケースも多いだろう。もしそうなら、負け犬女性は、男は結婚するとマトモになるという因果関係を理解していないから「独身男性にはマトモな男がいない」と思い込み、いつまでたっても結婚しない、ということになる。このあたりが、「勝ち犬」女性たちの、酒井氏に対する不満だろう。果たして現実はどちらなのだろうか。

マリッジ・プレミアム

マトモな男という定義のなかに、経済力がある男というのも含まれているだろう。ここでは経済力のある男と結婚の関係について議論してみよう。

経済力のある男が結婚しているのか、それとも結婚によって経済力が高まるのだろうか。議論を整理するために、学歴、職業、年齢といった、通常、所得に影響があると思われている部分を同じくする男性同士を比べて、結婚と所得の関係を考えることにしよう。結婚が所得に与える純粋な影響は、経済学ではマリッジ・プレミアムと呼ばれており、アメリカでは多くの実証研究が蓄積されている。

アメリカにおいては、男は結婚しているとより高い賃金が得られるが、女性は結婚していても独身女性と賃金は変わらないか、わずかに低下するという結果が得られている。アメリカの男性のマリッジ・プレミアムは大きく、さまざまな個人属性を揃《そろ》えた上で、結婚している男性は、結婚していない男性よりも一〇パーセントから五〇パーセントも賃金が高い。日本においては、女性に明確なマイナスのマリッジ・プレミアムがある（川口、二〇〇一）。男性についても二〇パーセントから三〇パーセントのマリッジ・プレミアムがある（樋口、一九九一）。その意味で、「結婚している男は、経済力がある」という酒井順子氏の観察は日本でもアメリカでも正しい。

では、どうして学歴、職業、年齢を考慮しても「結婚している男は、経済力がある」のだろう。五つの仮説を考えることができる。

⑴**分業仮説**　結婚すると男性は家事から解放されて仕事に専念できるため生産性が上がり、女性は家事負担が増えるので仕事の生産性が低下する。

⑵**労働意欲仮説**　結婚した男性は、家計を担うため責任感が生じて労働意欲が高まり、生産性が高くなる。

⑶**シグナル仮説**　結婚したという情報が、男性が信頼できる人間であるというシグナルとして機能するため、より重要な仕事を任されるようになる。

(4)**差別仮説**　雇い主が結婚した男性を優遇するように差別しているために、結婚した男性の賃金が高くなる。

(5)**経済学者には把握できない「隠れた魅力」仮説**　学歴や職業等の通常の統計で得られる指標ではなく、リーダーシップや容貌といった特性が労働市場での生産性を高めていると同時に、その特性が結婚市場でも魅力を高めている。

このうち最初の四つの仮説は、結婚から所得への因果関係を示しているが、五番目の仮説では結婚が所得増をもたらしているのではない。五番目の仮説で結婚と所得の相関をもたらすのは、経済学者にはデータとして把握できない魅力が、結婚市場でも労働市場でも同時に高い評価を得るのが原因である。いわば賃金を説明すべき変数のなかに本来含まれるべき「魅力」という変数が含まれていないことが見かけ上のマリッジ・プレミアムを発生させていたのである。この場合には、仮に「魅力」を賃金を説明すべき推定式に説明変数として入れることができたならば、結婚は賃金になんら影響をもたらさないことになる。つまり、魅力ある男は結婚もしているし所得も高い、という酒井氏が嘆く状況は、この「隠れた魅力」仮説にあたる。

一卵性双生児でも結婚によって賃金格差は生じるか

隠れた魅力の影響を取り除いてもなお結婚から賃金への因果関係が残れば、「隠れた魅力」だけではマリッジ・プレミアムを説明することはできない。「結婚したから賃金が高いイイ男になった」のであるから、「イイ男は必ずしも結婚していない」のであり「独身の『隠れ』イイ男がまだいる」というのが正しいことになる。

では「隠れた魅力」の影響を取り除いて、結婚と賃金との関係を調べることはできるだろうか。もし、男性の魅力が時間を通じて変わらないものであれば、同じ人物を追跡調査して、結婚前後で賃金が上がるかどうかを検証すればいい。このアイディアで、実証分析をした研究者は何人もいる。しかし、残念なことに、研究結果はばらばらである。ある研究者は、追跡調査したデータで、結婚前後の賃金変化を調べると、結婚によって賃金は変化せず、マリッジ・プレミアムは消滅したと報告している。別の研究者は、同様の手法を用いても、マリッジ・プレミアムが観察されたと報告している。

このような手法が必ずしもうまくいかないのは、結婚のタイミングが賃金上昇のタイミングに応じて決まっている可能性があるからだ。もし、男性が一時的に賃金が高まった時に結婚するとすれば、賃金が高まったのは一時的で結婚した後には賃金は低下してしまうかもしれない。逆に、昇給することがわかってから結婚を決めている場合であっても、あたかも結婚が賃金上昇をもたらしているように観察されてしまう。そういう意味で、同一男性を追跡調査したデータを利用したとしても、結婚から賃金への因果関係を完全に明らかにすることはできないのである。

「隠れた魅力」が同じで、結婚しているかどうかだけが違う男性を比較する方法は、他にないだろうか。アントノビックス教授とタウン教授は、一卵性双生児の兄弟を比較すれば「隠れた魅力」をコントロールして純粋に結婚の有無が所得に与える影響を分析できることに気がついた。そして、実際にアメリカの双子に関する社会調査のデータを使って分析したのである。[1]

一三六ペアの一卵性双生児のデータをもとに、結婚が賃金に与える影響を分析したところ、双子であることを無視して分析すると、学歴・年齢・勤続年数・地域などの影響を取り除いた上でも、結婚しているものは現在結婚していないものより一九パーセント賃金が高かった(一九パーセントのマリッジ・プレミアム)。ところが、一卵性双生児のペア同士での賃金格差を分析すると、マリッジ・プレミアムはさらに拡大し、結婚しているものは結婚していないものより二六パーセントも賃金が高くなっていることが示されている。

つまり、「隠れた魅力」がまったく同じであると考えられる一卵性双生児の兄弟であっても、たまたま早く結婚したものはそうでないものよりも二六パーセントも賃金が高いのである。少なくとも外見上や遺伝子レベルの能力が同じ二人を比較しているので、イイ男は賃金も高く、結婚もしているから、マリッジ・プレミアムが観察されたのではない。むしろ、「マトモな男の人は絶対結婚している」のではなく、「結婚によって男は仕事ができるようになる」というのが正しい。

負け犬女性は、まだまだあきらめるべきではない。ダメ男に見えても、結婚すればイイ男になる「隠れイイ男」はまだまだいるはずだ。もっとも、負け犬女性にしてみれば、そんなことはとっくにわかっていて、「勝ち犬女性が一生懸命イイ男にしてくれた男性をいいとこ取りするほうが手っ取り早いのよ」ということかもしれない。

1　Antonovics, Kate and Robert Town（2004）

5　自然災害に備えるには？

自然災害

近年、大規模な自然災害が目立っている。台風が日本各地に多大な被害を与え、大規模地震が悲惨な被害をもたらしている。世界的にも、アメリカのハリケーン、スマトラ沖地震による大津波といった、個人ではどうしようもない大きな自然災害が頻発している。悲惨な自然災害の様子を報道で知ると、誰でも「なんとかしてあげたい」と思うはずだ。

大規模な自然災害に対処するのは政府の大きな役割である。にもかかわらず、自然災害を被った人々の生活を復興する仕組みは不十分だ。自然災害リスクに備えるために、地震保険への強制加入と「災害保険税」の創設を提唱したい。

「自分が住んでいる地域で一〇年ぐらいの間には大地震が起きる可能性は低い」と考えている人は、一九九九年時点で約四八パーセント、二〇〇五年時点でも約二六パーセントもいる

（内閣府「地震防災に関する世論調査」）。しかし、東海沖、東南海沖、南海沖地震という海溝型地震は、きわめて定期的に発生してきている。しかも、それらの三つの海溝型地震はほぼ同時に発生してきたのも事実である。その意味では数十年の単位で考えれば、海溝型の大地震は確実に発生する。それにもかかわらず、耐震度の低い住宅に住んでいる人々は多いし、地震保険の加入率も低い。大地震が発生すると被害を避けることは難しいと考えている人が多いのかもしれない。たしかにテレビの映像を通じてみると、阪神大震災でも新潟中越地震でも、ほとんどの住宅が倒壊したようにみえる。しかし、阪神大震災においても新潟中越地震においても、耐震性能の高い住宅は、断層上でないかぎりほとんど倒壊していなかったのである。特に、積雪対応住宅が多かった新潟中越地震では、全半壊率は〇・四パーセントにすぎないという（「読売新聞」二〇〇四年十月二十九日）。

地震によって家屋が倒壊することのコストは計り知れない。阪神大震災で多くの人命が失われたのは、住宅の倒壊が直接間接の原因になっている。幸いにして人命が失われなかった場合でも、家屋の倒壊は、人々の生活の基盤を破壊してしまう。そうなると、震災からの復興のコストは莫大《ばくだい》なものになり、場合によってはその地域が衰退してしまう可能性もある。地震災害に対する最大の備えは、人々を危険な住宅に住まわせないことである。

被災者生活再建支援法

政府の役割のなかで最も重要なのは、広い意味での保険機能である。民間では対処できないようなリスクに対処することが政府の仕事である。国防や災害対策はその典型であろう。実際、政府レベルでさまざまな対策がとられているが、家を失った人に対する政策は限られている。

二〇〇五年現在、被災者に対する住宅や生活の復興のための支援には、被災者生活再建支援法がある。この法律は、三〇〇万円を上限に、被災者の生活再建などに対して支援金を支払うというものである。しかし、支援金は住宅の解体・撤去などに限られており、新築・補修費用には使えない。

中越地震に見舞われた新潟県は「復興基金」を創設して、住宅の再建費用に使えるお金を最大一〇〇万円まで支給した。それでも、住宅を再建するには少ない額だ。どうして、もっと十分な額を支援することができないのだろうか。

被災者生活再建支援法の支援金が少ないのには二つの理由がある。一つは政府が個人財産を形成するために直接支出することは憲法違反になるというものである。もう一つの理由は、復興政策を充実すると、人々が地震保険に加入しないことや危険な住宅・地域に住むことを促進してしまうからだ。筆者は前者の理由は本質的ではないと考えている。どんなかたちの金銭的・非金銭的援助であっても、援助をもらった分だけ経費を節約できるので、人々は節約したお金を用いて個人財産を形成することができる。もし、個人財産形成に対して援助することが禁止されているのであれば、政府は人々に対していかなる援助もできないことになってしまう。したがって、政府が被災者の住宅再建に対して消極的なのは、耐震性能の低い住宅に住む人や地震保険非加入者を増やしてしまうこと（モラルハザード）が本質的な理由である。

地震や台風による災害の危険性を、人々はまったく考えていないのだろうか。もし、考えていなかったとしたら、事後的復興政策を強化することがモラルハザードを引き起こすということを心配する必要はない。これについては、齊藤誠（一橋大学）、中川雅之（日本大学）、山鹿久木（筑波大学）の三氏が一連の研究で、東京のハザードマップの危険度と住宅価格の関係を分析している。その結果によれば、東京の住宅価格には災害リスクがある程度反映されて価格付けがなされている。つまり、危険な住宅は、その分だけ安くなっているのである。そうすると、災害でより大きな損害を受けた人々はその分のリスクを覚悟していたということになる。災害が発生したときに事後的救済をすると、価格の安さに加え事後的救済を当てにして、危険を承知でそのような地域に住む人をますます増やし、救済費を膨らませていく。逆に、一切の事後的救済をしないという方針を立てると、人々は危険地域の住宅には住まなくなり、家屋の耐震改修をするはずだ[1]（山鹿他、二〇〇二）。

「善《よ》きサマリア人のジレンマ」と経済学で呼ばれる現象も同じものである。[2] 苦しむ人々に惜しみない同情と援助を与える人物のたとえ話として聖書に出てくるのが「善きサマリア人」である。このジレンマを親子関係で説明してみよう。親は自分の子供が失業したり、病気になったりして生活に困った時には、惜しみない援助を与えようと考えると同時に、子供にはまじめに働いて、きちんと貯蓄をして、万一の場合にも生活に困らないようにしてもらいたいと考えているとする。ところが、子供のほうは、生活が苦しくなったら親が助けてくれるということを予想するので、自分のお金をすべて使い尽くして、自分に合った仕事を見つけるという理由で仕事もやめてしまう。そうすると、親は生活に困った子供を助けることになる。結局、皮肉なことに、親の子供への愛が、親が最も望まない生活態度を子供にとらせてしまうことになる。自分の子供を「どら息子」にしないためには、「自分のことは自分でせよ。どんなに生活に困っても援助をしない」と宣言しておくことだ。ただし、このような宣言を子供が信じてくれればの話だ。

しかし、実際の自然災害の場合に、危険地域や危険家屋に住んでいた被災者に対して一切援助をしないというような対応はとれない。なぜなら、危険を知らなかったか、経済的理由で仕方なく危険な住宅に住んでいたという人が多いからである。阪神大震災でも、新潟中越地震でも深刻な被害を受けた人は高齢者が多い。危険なのはわかっているけれども、古い家を建て替えるだけの余裕がない、という人が大半だろう。大地震や大水害はめったに起こらないのだから、そうした災害が発生した後に建て替えればいいと考えている人もいるかもしれない。なかには、自分の予想余命と地震発生の確率を考えて「合理的」な判断で危険住宅に住み続けている人もいるかもしれない。それでも、災害が発生した場合に、こうした人々に対して政府は何もしないわけにはいかない。人道的な理由から被災者を救助するのは当然だろう。それに、都市部であれば、自分の家屋が倒壊するだけの問題ではすまなくなる可能性も高い。火災を発生させたり、交通を遮断《しゃだん》させたりする原因になる可能性もある。

地震保険と災害保険税

では、どうすればいいだろうか。第一にすべきことは、人々を地震保険に強制加入させることである。個人財産をしっかり自分で守ってもらう。その際、地震保険の料率は、家屋の対震度で大幅に変えるべきである。二〇〇四年時点で地震保険の加入率は全国平均で一七・二パーセントにすぎない。地域によっては一〇パーセント以下のところもある。この加入率の低さは耐震性能が高い住宅の地震保険料が適切に算定されていないことにもよる。耐震性能が低い住宅の保険料率を高くして、耐震性能が高い住宅の地震保険を大幅に減額することが強制加入制度を施行する条件となる。また、人々がめったに発生しない事柄に対して合理的に確率計算をしないことが多いことも、この加入率の低さにつながっている。地震による被害発生の確率がゼロでなく、地震保険料が地震発生確率に応じて算定されているかぎり、合理的で危険回避的な人なら、地震保険に加入することを選ぶはずである。しかし、確率的には必ず損をするはずの「宝くじ」を買う人が多いのと同じように、地震保険に入らない人が多いのである。その意味で、地震保険は自動車保険と同じように住宅の所有者全員に対して強制加入させることが必要だろう。しかし、地震保険だけでは、住宅の再建はできても震災の被害そのものを小さくすることはできない。また、電気・ガス・水道といったライフラインの切断に対しては、地震保険では対処できない。

第二にすべきことは、人々が地震や水害に強い地域や住宅に住むことを促進させることである。そのためには、まず、災害の危険度を詳細に示した地図（ハザードマップ）を公開すべきである。また、危険な地域での居住を禁止すべきである。さらに、税制を活用すべきである。地震や水害に弱い地域や住宅に住む人から、その弱さに応じた災害保険税を徴収するのである。災害保険税は、細かい地域別のハザードマップと家屋の耐震性能に応じて課す。特に、家屋の耐震性能が高ければ大幅に減額する。災害保険税の新設が困難であれば、固定資産税の決定方式を変更するのでもいい。家屋の固定資産税は、現在の仕組みだと建物の価値が低いほど安くなるが、逆に、家屋の耐震性能が低ければ固定資産税が高くなるように設定するのである。同時に、耐震住宅への改修工事に補助金を出す。現在でも地域によっては耐震改修に対する補助金を出しているが、耐震改修をすることの目にみえるメリットが小さいため、利用者が少なかった。災害保険税率と強制加入の地震保険料率が、耐震改修によって大幅に低下することが人々に知られれば、多くの人が耐震改修に魅力を感じることになる。こうすれば、災害に弱い住宅に住む費用が高くなって、貧困者が危険地域・危険住宅に集中して住むことがなくなる。都市の密集住宅地の災害保険税が十分高くなれば、そこに住む人も減って、安全な都市を再生することも容易になる。徴収された災害保険税は、国レベルで積み立てて、災害時に被災者の住宅再建に支給する。

地震保険や税ではなく、防災教育やコミュニティの維持が一番の方法だという意見もある。たしかに、防災教育は重要であり、いざというときのコミュニティによる助け合いは災害からの復興を助ける。しかし、子供に対する教育は可能でも、大人に対する防災教育は難しい。もともと、人々の意識を変えることほど難しいことはない。また、災害に強いコミュニティを形成することは重要だが、いくら社会のソフトが強くなっても、人命が守られた上での話であって、住宅の倒壊や火災の発生に対しては無力である。

災害保険税は低所得者からより多く税金をとることになり、逆進的だという批判があるかもしれない。しかし、高所得者から低所得者への所得再分配政策は、累進所得税と社会保障で行うべきである。その上で、危険な住宅に高齢者や低所得者が住むインセンティブをなくすことが必要だ。そうしないと、災害のたびに大きな被害を受けるのが低所得者や高齢者という状況が繰り返されてしまう。

1　この考えをマクロ経済政策に応用したのが、二〇〇四年のノーベル経済学賞を受賞したアメリカのキッドランド教授とプレスコット教授である。

失業とインフレ率の間に、短期的には失業率が高いとインフレ率が低くなるというトレードオフの関係があるが、長期的には失業率が自然失業率と呼ばれる完全雇用に対応した水準で決まっていてインフレ率とは無関係になっているとしよう。日本銀行は、失業率もインフレ率も低い組み合わせを達成することを政策目標としていると考えよう。日本銀行がとるべき一番いい政策は、ゼロインフレ政策を宣言することである。もし、国民が日銀のゼロインフレ政策を信じることができれば、期待インフレ率がゼロになり、長期的には自然失業率とゼロインフレが達成できる。

問題は、国民が日銀のゼロインフレ政策宣言を信じることができるか否かである。もし、日銀がゼロインフレよりも低失業率を重視しているのであれば、日銀にはつねに、失業対策のためにゼロインフレ政策を撤回するインセンティブがある。このことを知っている国民は、最初から日銀のゼロインフレ政策そのものを信じない。結局、国民は日銀のゼロインフレ政策を信じないために、インフレ期待がいつまでたっても低まらず、インフレは解決しない。つまり、日銀は最初から失業対策を考えず、ゼロインフレ政策だけを目標にしていることを確約していたほうが、日銀が失業救済政策も行うとするよりも、優れた政策になるのである。

2　Bruce, Neil and Michael Waldman (1990)

6　人は節税のために長生きするか？

イグ・ノーベル賞

「誰もまねできない、誰もまねすべきではない」ユニークな研究をたたえるため世界で最も珍妙な科学研究に贈られるイグ・ノーベル賞《イグノーブル》という賞がある。アメリカのハーバード大学系出版社が発行している科学ユーモア誌 *The Annuals of Improbable Research*「ありえない科学年報」が主催しているもので、ノーベル賞のパロディ版といわれている。日本人の受賞者は多く、一九九七年にバンダイの「たまごっち」が経済学賞を受賞し、二〇〇二年にタカラの「バウリンガル」（犬語翻訳機）が平和賞を、二〇〇三年に金沢大学の広瀬幸夫教授が「鳥が寄り付かない合金の開発」で化学賞を、二〇〇四年に井上大祐氏が「カラオケ」の発明で平和賞を、さらに二〇〇五年にはドクター・中松氏が栄養賞を受賞している。「たまごっち」も「バウリンガル」も最初からふざけたものを作ろうとしたのではなく、開発者たちは本気で商品化し、それがヒット商品になった。本人たちがこのような研究や発明をまじめにすればするほど、他人からみれば面白おかしいものになる。

節税のために死ぬ

二〇〇一年のイグ・ノーベル経済学賞は、ブリティッシュ・コロンビア大学のコプクズク教授とミシガン大学のスレムロッド教授に授与された。受賞理由は、長生きすることで相続税を節税できるのなら人々は死のタイミングを遅らせる、という結論の論文「節税のために死ぬ（死ぬほど節税したい）――相続税の死亡時期弾力性に関する相続税申告データによる実証」[1]を書いたことである。これまた馬鹿げたテーマで、「人がそんな馬鹿なことをするわけないだろう」と普通の人は思うだろう。

しかし、多くの人は、スレムロッド教授らが紹介しているつぎのような事実については納得するだろう。二〇〇〇年一月十五日の「ニューヨーク・タイムズ」は、二〇〇〇年の第一週の病院での死亡者数が一九九九年の最終週の死亡者数よりも五〇・八パーセント高かったことを伝えている。二〇〇〇年という新しい時代の夜明けを見るまで生きたいと思っていた人たちが二〇〇〇年になって死を迎えたのではないか、と「ニューヨーク・タイムズ」は示唆している。ユダヤ人の間では、過越《すぎこし》の祭りの前の死亡者数は、その後よりも少ないことが知られている。そのほか、中国人の間では収穫祭の前後で同じことが、イスラエルのイスラム教徒の間ではラマダン（断食月）の前後で同じことが観察されるという。日本でも「孫の顔を見るまでは」、「一〇〇歳の誕生日までは」といったこともよく聞く。つまり、人々は大事なことがすむまでは、死のタイミングを少しなら遅らせることができるということだ。

それなら、死亡時期を少し変えることによって金銭的な便益が発生するのであれば、人々は死亡時期を延ばそうとすることもあるだろう、と発想するのが経済学者である。といっても、世界中の経済学者のなかで、実際にそのような発想をデータで確かめたのは、コプクズク教授とスレムロッド教授だけである。それに、そもそもこんなことを思いついた経済学者も彼ら以外にいなかったかもしれない。

彼らは、アメリカの相続税申告データを用いて、相続税制の変更の前後で死亡率が変化するかどうかを、膨大なデータから検証したのである。その結果、相続税減税の税制改革が行われる場合は、その直前に死亡率が低下し、減税直後に死亡率が上昇することをある程度実証することに成功している。もっとも、本当に人々が相続税減税を目指して長生きしたのか、単に事後的な死亡時期の改竄《かいざん》による結果なのかは識別できないことを、著者たちは認めている。

遺産動機

イグ・ノーベル賞を受賞したスレムロッド教授らの研究は、単に馬鹿馬鹿しいだけなのだろうか。この研究は、この賞の受賞後、*Review of Economics and Statistics* というハーバード大学が発行する一流の経済学専門誌に掲載されている。実際、彼らの研究は経済学的にも重要な発見をしている。人々が相続税節税のために死亡時期を変えるという事実は、人々が遺産を残したいという動機をもっていることの証にもなっている。人々が遺産を残したいという動機をもっているか否かは、経済学で重要な問題なのである。

もし、人々が自分の人生のことだけを考えているのであれば、子供たちに残す遺産額が多くなろうと少なくなろうと関係ないので、相続税の改正と死亡時期は無関係になるはずである。彼らが示した実証結果は、人々が子供により多くの遺産を残したいと考えていることの証拠なのである。ただし、遺産を残す本人が相続人の相続税負担を減らすことを考えて長生きしようとしたのではなく、相続税を節税するために相続人が戦略的に長生きさせた結果かもしれない。これは、小説の世界のような話にも思えるが、実際にあるかもしれない。スレムロッド教授らは、この説について、もし相続人が親の死亡時期を相続税節税のために変える可能性があるのなら、親はあらかじめそのような行動をしないように相続人にいっておくか、そのような行動をすると遺産を渡さないという遺言を残しておくことができると主張する。

いずれにしても、相続税の変更が死亡時期に影響するのであれば、人々の貯蓄行動や消費行動を考える際に、遺産動機を無視することができない。もし、遺産動機が子供たちに対する利他的な動機から発生しているのであれば、寿命は有限であっても、人々はあたかも無限に生きるように考えて行動することになる。仮に、すべての人々がこのような考え方に基づいて行動しているのであれば、国債がいくら累積しても、将来世代の年金負担がいくら増えようとも実質的な世代間の負担格差は発生しない。なぜなら、国債の償還のために子供の世代で増税がなされることや、自分たちの年金給付のために子供世代の年金保険料が高くなることを予想する親たちは、負担を背負う子供たちのために倹約してより多くの遺産を残そうとするはずだからである。つまり、政府がどのような年金政策をとろうが、特定世代に税負担を押しつけようが、そのことを人々が正しく理解するかぎり、世代間の不公平は遺産によってすべて調整されてしまうのである。

逆に、利他的な遺産動機をもっていないのであれば、将来世代の増税や年金保険料の増額は、自分たちの満足とは無関係になる。そうすると、老人世代は、自分たちへの増税の拒否と公的年金の削減拒否を主張することになる。

金銭的インセンティブの重要性

スレムロッド教授らの研究結果で税実務的に重要なことは、相続税減税を行うことによる実際の税収減が、死亡時期が変わらないと想定する場合よりも大きいという事実であろう。相続税率が低くなってから死亡する人が増えるのだから、死亡時期が変わらないと想定した場合よりも税収減が大きくなるのである。人々の生死というのは経済変数とは関係なく決まっていて、自分では変えられないものの代表例として考えられてきた。死亡時期でさえ、金銭的な損得によって変化するのであれば、人々のたいていの行動は、金銭的なインセンティブで動かされているのかもしれない。この金銭的なインセンティブに反応することから、市場メカニズムによって需要と供給が一致するという経済学の大原則が導かれるし、罰金制度が機能するのもこのためである。「そんなことは当たり前だ」と思う人は、十分に経済学のセンスがある。

ある製品の価格が高いと、人々はその製品の購入量を減らして、他の製品を買うだろう。逆に、企業は値段が高くても売れる製品があれば、その製品の生産量を増やすだろう。消費者も企業も価格という金銭的なインセンティブに反応しているのである。自動車を運転していて急いでいる時には、スピード違反をしてでも早く目的地に着きたいと誰でも思う。しかし、スピード違反をして摘発された時に、支払う罰金が非常に高額であれば、人々はスピード違反を控えるはずだ。つまり、人々がスピード違反をするという行為も金銭的なインセンティブでコントロールできるということが、罰金の存在意義なのである。

現実には、この当たり前のことが理解されないことも多い。地方の高速道路の利用者が少なくて道路経営が赤字になっていると、通行料金の値上げが検討される。国鉄時代には、赤字が累積すると、鉄道料金の引き上げをしばしば行った。もし、道路が一本しかなかったり、交通手段が国鉄しかない場合で、価格の変動に対して人々が国鉄や高速道路の利用頻度を変えないのであれば、利用料金の値上げという政策変更は、予想通り収益を好転させる。逆に、代替的な交通手段が多い場合にこのような政策をとると、人々は少々時間がかかっても他の交通手段を選んでしまう。そうすると、利用料金の値上げによって需要量が低下してしまい、ますます赤字が増えてしまう、という悪循環に陥ることもある。しかし、市場メカニズムを経験的によく知っている民間企業は、人々の価格に対する対応をよく理解しているのでこのような馬鹿なことはしない。

政府をはじめとする公共部門や規制産業では、このような価格に対する人々の当然の行動を理解していないことが多い。これはもともと政府などが提供するサービスには、代替的なものが存在しなかったために、どのような価格を設定しても需要量はあまり変わらないという前提があったためであろう。しかし、交通網が整備されて鉄道以外の代替的手段が発生したり、フレックス勤務制度や裁量労働制が普及すると、交通料金の変化に対して人々は通勤時間を変えたり通勤ルートを変えることで対応することができる。

交通料金が輸送需要量に大きな影響を与えるようになると、人々の金銭的インセンティブを利用して、混雑対策を考えることができる。つまり、ラッシュアワーの交通機関の利用に対して、「混雑料金」を課すことで鉄道や道路の混雑の解消が可能になるのである。最近では自動改札や自動料金徴収システムが普及し、混雑料金の徴収が技術的に簡単にできるようになっているので、混雑料金の徴収は経済学者の夢物語ではなくなっている。

非金銭的インセンティブ

環境問題においては、二酸化炭素の発生を抑えるために、環境教育や規制に頼ろうとすることが多い。経済学者は、炭素税を課すことや排出権取引によって解決することを好む。それは、人々が金銭的なインセンティブによって行動を変えることを重視しているからである。もちろん、環境を大事にすべきだという非金銭的な価値観を、教育によって人々に持たせることが簡単であれば、そのほうが効率性が高くなる。しかし、人々の価値観や倫理観を変えることは簡単ではない。教育を受けている過程にある子供には、教育を通じて価値観や倫理観に影響を与え、倫理的なインセンティブで環境問題解決のために行動するようにしむけることは可能だろう。しかし、環境よりも快適さを重視する価値観や倫理観をすでに形成してしまった大人に対して、環境教育を行っても効果は限られたものにしかならないのではないか。その意味で、経済学者は人々の価値観を変えるよりも、金銭的インセンティブによって人々の行動を変えるほうが確実だと考えている。

死亡時期でさえも、経済的インセンティブによって変わってしまうという分析結果を示したスレムロッド教授たちの研究は、金銭的インセンティブ設計の重要さを示してくれている。しかし、実務的な制度設計においては、人々の価格、賃金、税に対する感応度がどの程度大きいのかという点が重要である。死亡時期の決定においては、相続税の差といった金銭的なインセンティブと並んで、宗教的な祭りといった非金銭的なインセンティブも重要であった。制度設計上は、金銭的なインセンティブと非金銭的なインセンティブのどちらで人々はより影響を受けるのか、非金銭的なインセンティブの設計がどの程度容易であるかをうまく見極めることが重要だろう。

この視点は、会社のなかでの人事制度のあり方にも適用できる。会社のなかで特定の仕事をすることや特定の役職に就くこと自体が、人々に満足という大きな非金銭的価値をもたらしているのであれば、昇進や人員配置をインセンティブに使うことができる。しかし、人々の価値観が多様化し、必ずしも多くの人に仕事やポストが非金銭的価値をもたらさないのであれば、金銭的なインセンティブに頼るしかない。逆に、人々が非金銭的なインセンティブで仕事をする傾向が強い時に、不十分な金銭的インセンティブ制度を導入すると、人々はやる気を失ってしまう。つまり、仕事そのものに価値があると思われていたところに、不十分な成果報酬制度が取り入れられると、非金銭的なインセンティブも金銭的なインセンティブも失われてしまう。

一九九〇年代末から日本企業で盛んに導入されてきた成果主義的賃金制度の多くが失敗したといわれるのも、非金銭的なインセンティブと金銭的なインセンティブのバランスを間違えたためではないだろうか。

1　Kopczuk, Wojciech and Joel Slemrod（2001）

II　賞金とプロゴルファーのやる気

リスクとインセンティブのトレードオフ

- ●技術者の職務発明に対する報酬のあり方は?
- ●大学教授を任期制にすると?
- ●賞金の多寡は、プロゴルファーのプレーに影響するか?

1　プロ野球における戦力均衡

二〇〇四年には、プロ野球界で大きな事件が起こった。近鉄とオリックスの球団合併を発端として、一リーグ制への移行をめぐる議論を経て、選手会がストライキをするという事態になった。最後は、楽天という新球団の加入というかたちでこの騒動は決着した。

野球人気が下がったといっても、プロ野球ファンは多い。それでも多くの球団の赤字が深刻なのは、球団間の収益格差が拡大したことに原因がある。巨人に人気選手が集中し、巨人を抱えないパ・リーグの人気が低下、パ・リーグ球団の赤字が深刻になったのである。二〇〇四年のプロ野球改革議論の際、一リーグ制に賛成していたのがパ・リーグ球団で、反対していたのが巨人以外のセ・リーグ球団であることがこれを象徴している。もっとも、二〇〇五年になって、人気選手が集中している巨人戦のテレビ視聴率低下が顕著になったことは、さらなるプロ野球改革の必要性を意味しているのかもしれない。

ところで、ドラフト制度が機能しなくなり、フリーエージェント制度の導入によって選手の移動が自由になれば、一人勝ちという状況が生まれるのは当然のことなのだろうか。野球選手の年俸が高すぎることが、球団経営の危機を招いているのだろうか。プロ野球の問題を解決するにはどうすべきなのだろうか。こういった問題を考える上で、経済学は非常に強力なツールとなる。ここでは、プロ野球改革を議論する上での基本的な考え方を議論することを通じて経済学的な思考方法を紹介したい。

一人勝ち

フリーエージェントの導入とドラフト制度の弱体化が、有力選手の巨人への集中、球団の赤字化、パ・リーグの衰退を招いたという考え方に異を唱える人は少ない。しかし、経済学者はその少数派に属しており、選手の球団間移動の自由は、一人勝ちをもたらすわけではないと考える。経済学の答えは簡単である。球団の経営目的が利潤を最大にすることであり、ファンがどちらの球団が勝つかわからないというスポーツのスリルを楽しんでいるかぎり、球団間の戦力均衡は保たれる。しかも、選手の球団間移動が自由な時とそうでない時とで、選手の能力の球団間分布はまったく変わらない。にもかかわらず、プロ野球で問題が発生したのは、利潤を最大化する球団とスポーツのスリルを楽しむファンという前提が満たされていないからである。

ルイス＝シュメリングの逆説

プロスポーツは、勝敗を争うものであり、どちらが勝つのかを予想し、はらはらしながら観戦することに楽しみがある。実力差が大きく最初からどちらが勝つかわかっている試合を見に行く人は少ない。つまり、プロスポーツにおいては対戦相手がいないとスポーツ観戦というサービスを売ることができない。プロスポーツ産業におけるこの単純な事実が、プロスポーツのチームを通常の企業と単純に同一視できない要因になっている。

このプロスポーツの特性を、ニール教授は、一九三〇年代のヘビー級ボクサーのタイトルマッチにちなんで「ルイス＝シュメリングの逆説」と呼んだ。[1] ルイスとシュメリングは、第二次大戦前のアメリカとドイツの代表的なヘビー級ボクサーであり、両者は三六年と三八年の二度にわたって世界タイトル戦で戦った（結果は一勝一敗）。両者の対戦は、当時の両国の関係を反映して人々の強い注目を浴びていた。それでは、ルイスがもっと強ければ、ルイスの人気はもっと高まって、彼はより高い所得を得られたのであろうか。ニール教授は、ルイスがもっと強かったとすれば、シュメリングと力が拮抗《きっこう》していた場合に比べてより低い所得しか得られなかったであろうという。あまりにも力の差があれば、戦いの行方は明らかになって対戦そのものがつまらないため、人々の注目を集めなかったはずだというのである。

結果の予測可能性と戦力均衡

ルイス＝シュメリングの逆説が意味するのは、スポーツにおいては結果が予測できない場合に、観客動員や球団の利潤が最大になるということである。結果の予測不可能性がスポーツの魅力であるという仮説のもとでは、チーム間のバランスについての重要な命題が導かれる。ロッテンバーグ教授は、「プロ野球における選手の自発的な球団間移動を禁じたリザーブクローズ制度とその移動を認めたフリーエージェント制度の間で、戦力的にみた球団間の選手の配分は変わらない。両者で異なるのは選手の年俸だけだ」ということを主張した。[2]

プロ野球ファンは、勝敗の結果が予測できない実力伯仲の状態のチーム同士の対戦のほうが、実力差がはっきりしているチーム同士の対戦よりも、試合のスリルとひいきチームが勝った時の喜びや負けた時の悔しさを「楽しめる」人たちであると仮定してみる。つまり、自分が応援しないとひいきチームが負けるかもしれないと心配するような対戦に楽しさを見出す人たちだと考えるのだ。その上で、リザーブクローズ制のもとで資金的に豊かな球団と貧しい球団があったとして、各球団は利潤を最大にするように経営されているとしよう。

もし、各球団が実力伯仲の試合をファンが望んでいることを知っていて、実際そのほうが観客動員数もいいことを理解しているならば、各球団は利潤を最大にするために、試合結果が予測できないような球団間の戦力バランスを達成しようと努力するはずである。そうすると、財政的に豊かな球団であっても、球団間の戦力バランスを崩すほど多くの優秀な選手を集めるような行動はとらないはずだ。各球団は、利潤を最大にするように選手のトレードを行い、選手の最適配分を達成する。

利潤を最大にしようとしている球団の選手獲得の判断基準は単純である。ある選手を球団が追加的に獲得することで球団の利益が増加するならば、その選手を獲得すればいいし、収益の増加よりも年俸の増加のほうが大きく、利潤が低下するのであれば、その選手の獲得を断念すればいい。

十分に有力選手を集めていた球団が、もう一人有力選手を獲得しようとしたとする。その選手を獲得することで球団間の戦力バランスが崩れ、観客動員数が減ってしまうことを正しく予測することができれば、その球団は、新たな有力選手の獲得を断念することが利潤を最大にすることになる。つまり、ファンが実力伯仲のプロ野球リーグを期待しているかぎり、戦力を均衡させるような選手の配分が、各球団の利潤を最大にさせるのだから、リザーブクローズという選手の側に移動の自由がない制度であっても、球団側からのトレードを通じて、球団間の戦力均衡が達成されるのである。

選手年俸はどうなるだろうか。リザーブクローズのもとでは、選手は生産性よりも低い年俸を提示されても、それを拒否して他の球団に移ることができない。つまり、球団は選手に対して独占的な買い手の地位にあるため、強い交渉力をもっている。そのため、選手年俸は、選手が球団の収益に貢献しているよりも低い水準に抑えられてしまう。

一方、フリーエージェント制度のもとでは、選手は最も高い年俸を支払ってくれる球団に移動することができる。球団はリザーブクローズの場合と同じで、選手を獲得した結果、利潤が増えるのであれば新たな選手を獲得し、そうでなければ断念する。利潤が最大になるのは、やはり戦力均衡が達成されている状態である。すなわち、フリーエージェント制のもとでもリザーブクローズ制のもとでも、戦力的にみた球団間の選手の配分は変わらないので、球団間の戦力均衡も達成される。違いは、選手の年俸水準だけである。フリーエージェント制度のもとで、球団の収益への貢献よりも低い年俸しか支払われていない選手がいたとすれば、他の球団がより高い年俸を提示してきた場合には、その選手は他の球団に移籍することができる。つまり、フリーエージェント制度のもとでは、選手年俸は選手の生産性と等しくなる。フリーエージェント制度とリザーブクローズ制度では、選手の年俸水準がフリーエージェント制度のもとでより高くなるという意味で、選手と球団の間の所得分配に影響を与えるが、特定球団に有力選手が集まるという現象を説明することはできない。

仮に、ここで大前提にしてきた試合結果の不確実性が観客を増やす原因であるという仮説が正しく、そのことを各球団が正しく理解していたならば、プロスポーツにおいて戦力バランスをもたらすためのさまざまな制度は、不要であるばかりか有害になる。弱い球団への補助制度は、球団の利潤最大化のインセンティブを阻害することになり、かえって戦力均衡への到達スピードを遅くしてしまうのである。

勝利至上主義の野球ファン

球団が利潤を最大にするように行動していたとしても、戦力均衡が達成できない可能性はある。野球ファンが結果の予測不可能性というスリルを楽しんでいるのではなく、好みのチームの勝率が高くなることから満足を得ていて、勝率が高い場合に観客動員数が増える場合である。この場合もどのチームも同じことを目的とすれば、結果的に戦力が均衡することになりそうに思えるが、強いチームが好きというファン気質のもとでは、戦力均衡が達成されない可能性がある。

球団が強くなることによってファンが増えて収入が増加する程度が、大都市の球団のほうが地方の球団よりも多いため、大都市の球団のほうが強い選手を集める意欲が強いからである。同様のことは、テレビの放映枠をもっている球団とそうでない球団でも生じる。テレビの放映枠をもっている球団は、強くなることで視聴率が高くなるためテレビ放映権料を高くすることができる。この時、有力選手の配分は、人口が多い地域に立地している球団、テレビの放映枠をもっている球団ほど多くなり、球団間の戦力バランスは人口比やテレビ放映枠に応じた部分だけ歪《ゆが》みが生じる。

スリルを味わうよりも強いチームが好きという野球ファンが多数を占めていたとしても、解決策はある。球団の参入を自由にしておけば球団の戦力バランスは達成できる。つまり、人口が多く収益が高い地域により多くの球団が参入してくることで、結果的に戦力均衡が達成されるのである。

ここでの議論からわかることは、一人勝ちが生じる原因は、フリーエージェント制でもドラフト制の弱体化でもなく、球団の参入や売買が制限されていることである。逆にいえば、球団の参入や売買の規制が強ければ、ドラフト制度やサラリーキャップ制度[3]といった戦力均衡をもたらすための制度が必要となってくる。日本のプロ野球の問題は、参入規制を強くしたまま、ドラフト制度を弱体化させフリーエージェント制度を導入したことである。

日本の野球ファンは、ある程度のスリルを楽しみながらも最後には特定のチームが勝ってくれるという水戸黄門やウルトラマンのような楽しみ方をしているのかもしれない。そうであっても、特定の球団に有力選手が集中することはプロ野球にとって望ましいことではない。

悪役が弱すぎるとスリルを少しも楽しめないからである。

プロ野球選手の年俸は高すぎるのか

プロ野球選手の年俸が高くなりすぎたから、球団経営が赤字になったという意見がある。実際、一流プロ野球選手の年俸は何億円にも達する。実は、選手の年俸が高すぎるかどうかは、ある選手が球団から出ていった時、球団の収入の減少がその選手の年俸より大きいかどうかで判断できる。五億円の年俸の選手を放出しても球団の収入が五億円も低下しないのであれば、五億円の年俸は払いすぎだったことになる。

どうしてプロ野球選手はそのような高い年俸を獲得することができるのであろうか。プロ野球選手がいくら稀少《きしょう》な才能をもっているとしても、彼らの仕事は、教育、もの造り、看護という仕事に比べて社会的に価値のあるものなのだろうか。実は、子供の教育といった仕事に比べると、プロ野球の社会的な価値は低い。なぜなら、社会全体でみたプロ野球への支出総額と教育費への支出総額を比べると、後者のほうが圧倒的に大きいからである。子供の教育に年間一〇〇万円をかける家庭はそれほどめずらしくないが、プロ野球の観戦にそれほどの金額をかける家庭は少ない。では、一家庭あたりのスポーツ観戦にかける費用が少ないのに、プロ野球選手が巨額の年俸を得られるのはどうしてだろう。

プロ野球選手は、テレビ放送で同時に多くの観客を楽しませることができるということがその理由である。一方、学校の教師の場合、一人の教師が同時に教えることができる生徒の数には限りがある。プロ野球の場合、一流選手の試合と二流選手の試合が同じ料金でテレビ観戦ができるのであれば、わざわざ二流選手の試合を見る必要はない。

一人一人のファンが支払う値段は非常に少なくても、一流選手に人気が集中するために一人の選手が膨大《ぼうだい》なファンを獲得し、莫大な額の年俸を手にする。ファンは、一流選手と二流選手のプレーの差に対しそれほど大きな価値の差を感じていないにもかかわらず、すべてのファンが同時に一流選手のプレーを観戦することができる。こうしたプロ野球産業の技術特性が、一流プロ野球選手の高額年俸の原因なのである。同じ理由で、一流歌手の高額年収を説明することができる。テレビ観戦の発達は、一流選手の年俸を高額にすると同時に、二流以下の選手の年俸を大幅に下げることになる。テレビがない時代には、一流選手の試合を球場で観戦することができなければ、地元の二流選手の試合を観戦することで満足できた。その頃なら、二流選手でもある程度高い年俸が得られたのである。しかし、誰でも一流選手の試合をテレビで見ることができるようになると、二流選手の試合を見たいという野球ファンはいなくなるため、技術的には一流と二流の差がほんのわずかであっても、年俸は天と地の差になるのである。

最近では、大リーグ選手のプレーをテレビで見ることも可能になってきた。このことが、日本のプロ野球ファンの眼を大リーグに向けさせ、大リーグ選手の年俸をより高めていくのである。世界中の観客の前で高いレベルのプレーをすることができて、日本より高い年俸が獲得できるのであれば、日本の一流選手の多くが海外移籍していくのも当然である。日本の一流選手の海外移籍を止めるには、日本のリーグを世界レベルにして世界中のファンを獲得するか、テレビ観戦ではなくスタジアムでないと味わえない価値を高めていくことで、日本国内の観客動員数を増やしていくしかない。

改革の方向性

二〇〇四年、プロ野球選手会が要求した球団の新規参入の促進策は、戦力均衡を促進する上で最も有効な手段であった。しかし、それは現在の黒字球団にとっては収益低下の要因となるため、簡単には受け入れられない。これがストライキにまでもつれ込んだ理由である。参入規制を緩めることがプロ野球人気を回復させ、プロ野球界全体の収益を増加させることが明らかであっても、球団経営者の業界団体の役割しか果たしてこなかったプロ野球機構が制度改革をすることは難しい。有力な球団の収益の低下が見込まれるのであれば、プロ野球機構がその球団の反対を押し切ることは難しいからである。ファンがストライキを支持したこともあって、二〇〇四年のプロ野球改革は、最終的には球団の新規参入が認められることになり、ライブドアと楽天が新規参入を表明し、二〇〇五年から楽天が新規に参入した。

先に述べたように、プロスポーツでは対戦相手がいないとスポーツ観戦というサービスを売ることができない。通常の企業と異なるのは、つまらない対戦相手しかいないと興行として成功しないという点である。一球団が強くなりすぎても弱くなりすぎても、それが当該球団の収益だけでなく、リーグ全体の収益にも影響を与えてしまう。したがって、単独の球団と企業を同一視すべきではなく、プロ野球全体が一つの企業であり、球団は内部組織であるとみなすべきである。

しかし、実態は球団企業が独立しており、プロ野球機構は業界団体の役割しか果たしていない。プロ野球のストライキ騒動が明らかにしたのは、参入規制問題の対応に象徴されるように、プロ野球の個別球団の利潤最大化行動とプロ野球全体の利潤最大化行動が対応していないことである。選手会のストに対して国民の支持率が高かったのは、プロ野球全体のパイが大きくなることから直接利益を得られる選手会の利害とファンの利害が一致したことに理由がある。プロスポーツという娯楽のなかで独占的な地位を長い間維持してきたプロ野球は、効率性を高めるような組織改革を行ってこなかった。現在では、大リーグやJリーグという強力な競争相手が生じた結果、日本のプロ野球の組織形態の矛盾が明らかになったといえる。

最も望ましい改革は、球団の経営組織をプロ野球の特性を反映するように変えてしまうことである。京都大学の有賀健教授は「プロ野球機構を株式会社化し、球団は均等配分で株式の五一パーセントを持ち、四九パーセントを公募し、役員は球団外のもので構成する」という提案をしている。[4]こうすれば、ファンを無視した既得権のもとでの利権争いは避けられる。各球団は、プロ野球全体を考えた行動をとることが利潤を高めるということを明確に意識するようになる。プロ野球機構は、その利潤を最大にするように参入障壁を低くしたり、サラリーキャップ制度を導入したり、テレビ放映権の管理を行うことができる。

その上で、各球団に適度なインセンティブをつける。球団の参入の自由化、Jリーグのような上位リーグと下位リーグの入れ替え方式がそうである。[5]また、テレビの放映権の一括管理も必要である。現在戦力均衡が達成されない最大の原因は、旧ダイエーホークスのように勝率を上げて観客動員を高めても、それが収益に跳《は》ね返らないことにある。巨人の場合はテレビの放映枠は系列会社で確保されているため、勝率を上げることが視聴率・収益上昇につながっている。これを解決するには、プロ野球機構で放映権を一括して競争入札によって売却し、その収益をプロ野球機構から勝率に従って配分する、という制度をつくることである。

ただし、球団間の過大な競争が生じることを抑える必要もある。というのは、ファンは絶対的な野球の技術レベルの高さを必ずしも望んでいるわけではないからである。この点は、技術的にはプロ野球よりもはるかにレベルが低い高校野球に対する人気が高いことからもわかる。日本のプロ野球ファンは、ある程度技術的に高いレベルでの面白い野球をみたいのである。過大な球団間競争を避けるための制度として、サラリーキャップ制、逆成績順のドラフト制、収益再分配制度の採用も必要になる。もっとも、大リーグとの力の差が大きくなりすぎると、日本のプロ野球に対する人気が下がってしまうため、ある程度の強さを維持することは必要である。その上、サラリーキャップをあまりにも厳しくしすぎると、有力選手がすべて日本からいなくなるという問題もある。したがって、大リーグとの競争については、選手の技術レベルでの競争に限界があるので、リアルタイムに球場で観戦できること、地元チームを応援できるという日本のプロ野球のメリットを生かしていくしかない。プロ野球リーグのなかに、韓国代表球団や中国代表球団を入れてアジア・リーグにするというのも人気回復の手段になり、プロ野球のファンをアジア全域に広げるというメリットがある。

いずれにしてもプロ野球制度を改革するためには、プロ野球ファンが実力伯仲の試合を望んでいるのか、ひいきチームの勝利数最大化を望んでいるのか、といった基本的なファンの特性を明らかにして、その上で、各球団のインセンティブを高めるような制度設計をする必要がある。既得権にとらわれていると、プロ野球ファンがいなくなる。そうなってしまってからでは遅い。プロ野球改革には、経済学的思考が必須《ひっす》なのである。

1　Neale, W. C.（1964）

2　Rottenberg, S.（1956）

3　サラリーキャップ制度とは、各球団の年俸総額の最高限度を決める制度である。この制度のもとでは、高額年俸の選手ばかりを一球団が独占することはできない。

4　有賀教授と筆者の私的な会話による。

5　ヨーロッパのプロサッカーリーグは、上位リーグと下位リーグの入れ替えがあるオープンリーグ方式で、上位リーグのなかでの下位チームのチーム力強化のインセンティブをもたらしている。これによって、人気チームへの下位チームのただ乗りへのインセンティブを減らして、戦力均衡をもたらす要因になっている。また、国内リーグの上位チームは、ヨーロッパ・チャンピオンズ・リーグ等を同時に戦う必要があるため、上位チームにとっては国内リーグを戦う上では一種のハンディになっている。一方、アメリカの野球、バスケットボール、フットボールなどのプロスポーツの多くは、下位リーグとの入れ替え戦はないが、収益の再分配制度、ドラフト制度、サラリーキャップ制度などのさまざまな戦力均衡のための制度を用いている。階級社会としてとらえられることの多いヨーロッパのサッカーが再分配制度が少ないオープンリーグを用い、自由競争の国の象徴であるアメリカで、クローズドリーグと再分配制度という組み合わせが用いられているのは、興味深い（Rosen and Sanderson, 2001）。

2 プロ野球監督の能力

プロ野球監督と成果主義

毎年、秋になるとプロ野球監督の人事が話題になる。長い間低迷していた阪神を、二〇〇三年に一八年ぶりにリーグ優勝に導いた星野監督は大きな注目を集めたが、体調の不安を理由に阪神の監督を辞任した。一方、二〇〇二年に日本シリーズで巨人を優勝させた原監督は、二〇〇三年の低迷を理由に解任された。パ・リーグでも二〇〇二年に西武をリーグ優勝させた伊原監督が二〇〇三年解任された。二〇〇五年は、阪神をリーグ優勝させた岡田監督の評価が高まった一方で、厳しい評価を受けた監督もあった。企業でも成果を重視する賃金制度の導入が進むなかで、プロ野球監督がチーム成績によって解任されるという事態は、他人事《ひとごと》ではないかもしれない。

プロ野球選手や監督の年俸に用いられているような成果主義型の賃金制度は、どのような場合でも成功するとは限らない。いくつかの条件が必須となっていることが最近の研究で知られるようになってきた（大竹、二〇〇五）。第一に、成果に関する評価制度の整備と評価過程の公平性が必要とされている。第二に、従業員の裁量権が増えることが重要である。第三に、従業員の能力開発の機会が十分に与えられることが必要とされている。

いわれてみれば当たり前かもしれない。そもそも成果主義的賃金制度の導入は、(1)どのような仕事のやり方をすれば成果が上がるかについて企業がよくわからない場合や、(2)従業員の仕事ぶりを評価することが難しいが成果の評価が正確にできる場合、に行われるべきものである。

ある一定の仕事の成果を上げるためには、どのような仕事をすべきで、従業員がその仕事をどれだけまじめにしたのかについて人事部が知っているのであれば、従業員がどれだけ与えられた仕事をまじめにしたのかに応じて賃金を支払えばよい。近年の成果主義的賃金制度の導入は、人件費抑制の手段としてだけではなく、技術革新の進展や経済環境の激変のために、企業にとっても従業員がどのような仕事をすれば成果が上がるのかがよくわからない時代になってきたことを反映している。

従業員がどのように仕事をすれば成果を上げることができるのかが企業にわからないために、成果主義を導入したのであれば、成果主義的賃金制度の導入にともなって従業員の裁量権を増やし、評価に関する説明責任を明確にすることが重要なのである。さらに、将来の成果をより高めるための能力開発の機会を十分に与えることが当然求められることになる。

プロ野球監督の評価

プロ野球監督の成果に関する評価は、明確な基準で行われているのであろうか。そもそもプロ野球監督の成果とは、何であるべきだろうか。プロ野球の各球団が利潤最大化行動をしているのであれば、プロ野球監督に関する評価は、どれだけ球団の利潤を増やすことに貢献したか、という指標で行われるべきであろう。そうすると、球団の利潤は何で決まってくるかが重要になる。当然、観客動員数は大きな要因である。観客動員数の決定要因は何であろうか。一番重要なのは、勝率であるはずだ。もっとも、「プロ野球における戦力均衡」で触れたように、あまりにも強すぎると、勝つことがわかっているので、誰も試合を見に行かないという事態が生じる可能性もある。それでも、ファンの多くは自分のひいきチームが勝つことを見に行きたいと考えることが自然だろう。また、人気選手、人気監督がいるというのも重要な要因であろう。ただし、多くの場合、強い選手や強いチームの監督が人気になることが多い。また、面白い野球を見せる監督も好まれるだろう。いくら勝率が高くてもわくわくしないような試合運びをする監督は、人気がでないかもしれない。

プロ野球の場合は、チーム成績という客観的な指標が得られるので、成果主義は比較的採りやすいはずだ。しかし、本当に監督はチーム成績だけで評価されるべきなのだろうか。プロ野球監督が選手の獲得や出場選手の選択についてどれだけの裁量権をもっているかで、その評価基準を変えるべきである。

極端な場合には、選手の獲得どころか、試合への出場選手の選択についても裁量権がないという場合もあるかもしれない。その場合には、監督が勝率に貢献できるのは、そうしたチーム戦力が変更できないという条件のもとでどれだけ勝率を高めることができたかという戦術面での評価と、選手にやる気を出させる能力や育成能力に焦点を絞るべきであろう。逆に、監督にトレード、フリーエージェント、ドラフトに関する裁量権が与えられていたならば、チームの戦力そのものの評価も監督の評価に含まれる。しかし、チームの資金力そのものにチームでばらつきがあるならば、資金制約の差の部分については監督の責任ではなく、フロントの責任である。

こうしてみると、プロ野球監督の評価は、単にチーム成績だけではなく、どのような裁量権をもっていたか、ということと対応して考えてみるべきだということがわかる。計量経済学を使えば、戦力が高いから勝率を高めることができたのか、監督の能力が高いから勝率を高めることができたのかを識別することが可能である。標準的なプロ野球チームの戦力は、チーム平均打率、チーム本塁打数、チーム平均防御率のリーグ内の相対値で表すことができるとしよう。当然、勝敗には相対的な戦力差が大事で、絶対レベルは意味がない。打高投低の年があれば、その逆もあるからである。チーム戦力と監督固有の効果を示す変数で、チームの勝率を予測する計量経済学的なモデルを推定すれば、同一の戦力を率いた時に勝率を引き上げることができるという意味での名監督のランキングをつくることができる。

ただし、監督の能力はどのチームを率いても同じように勝率を引き上げることができるかどうか、ということをチェックしておかないと名監督ランキングの意味がなくなってしまう。A監督は、ヤクルトの時は成功したけれども阪神の時は失敗した、ということが普通であれば、監督の戦略は特定のチームにしか通用しないチーム特殊的能力になってしまう。そうであれば、ランキングの作成は難しい。この点も計量経済学で検定することができる。以前、筆者はこのような研究をして、日本のプロ野球では、監督と球団の相性は重要ではなく、名監督が存在することを明らかにした（Ohtake and Ohkusa, 1994）。一九五〇年から二〇〇四年のデータを用いて、名監督ランキングを計量経済学を用いて作成してみよう。

監督ランキング

監督ランキングの作成は、チーム戦力の定義によって大きく異なってくる。ここでは、比較的容易に手に入り、しばしばチーム戦力として日本でよく使われる指標であるチーム平均打率、チーム本塁打数、チーム防御率のリーグ内平均からの乖離《かいり》を戦力の指標として用いる。監督の能力は、このような指標で表される戦力が与えられた時にどれだけ勝率を高めることができるか、と定義する。ある監督は他の監督よりもつねにチーム戦力を高める能力をもっているとすれば、その部分も監督能力に含まれる。具体的には、つぎのような計量経済学的モデルを推定する。[1]

チーム勝率＝定数項＋a（平均打率）＋b（本塁打数）＋c（防御率）＋（監督効果）

この推定モデルの監督効果の大きさでランキングを作成したものが表II-1（八五ページ）である。[2] ただし、監督を一シーズンしかしていない場合は、運の要素を排除できないので、ランキングからはずしている。また、シーズン途中で監督交代があった場合はサンプルからはずしている。なお、最下位監督と上位監督の勝率引き上げ効果には統計的に有意な差があるが、上位二〇名のランキング内の順位差には統計的に有意な差がないことを指摘しておきたい。

監督効果は予想以上に大きい。その大きさを示すために、つぎのようなランキングを作成した。二シーズンを通じて指揮をとった監督のなかで最も監督効果が小さかった監督を「ダメ監督」と呼ぶ。「ダメ監督」が五割の勝率を達成できるチームを率いたとすれば当該監督は何割の勝率を達成できるかという数字でランキングを示している。上位の監督は、「ダメ監督」が五割の勝率を達成した場合には、同じチームを率いても六割以上の勝率を達成できることを示している。ダメ監督で五割の勝率でAクラス入りを争った場合には、名監督が率いていたならば優勝を争うことができたのである。

一般に名監督と呼ばれる監督のなかには、強いチームを率いていたことがその理由である場合も多い。ダメ監督がチームを率いたとして達成できた勝率の順位を、戦力順位として示した。勝率引き上げ能力順位の上位には、鶴岡、西本、川上、広岡、森、仰木、星野といった一般に名監督として評価が高い監督が含まれている。一方、二〇〇三年で解任された原監督は二シーズンだけの結果とはいえ、かなりの名監督であったと評価できる。戦力順位の上位には、水原、藤村、鶴岡、藤田、川上、森、三原、王といった監督の名前があがっている。実際の勝率トップは、鶴岡監督である。鶴岡監督は戦力順位でも勝率引き上げ能力順位でも上位にあった。一方、戦力順位で一位の水原監督は、強いチームを率いて実際の勝率も高かったが、勝率引き上げ能力では上位には入っていない。梨田、西本、上田といった監督は、勝率引き上げ能力は高かったが、率いたチームの戦力がそれほど高くなかったことが実際の

表Ⅱ－1　プロ野球監督ランキング(1950年から2004年の間に2シーズン以上指揮をとった監督)

	勝率引き上げ能力順位			実際の勝率順位			指揮した球団の戦力順位	
	監督	同一戦力で達成できる予測勝率1)		監督	実際の勝率		監督	同一監督で達成できる予測勝率2)
1	岡本伊三美	0.629	1	鶴岡一人	0.616	1	水原茂	0.519
2	坪内道典	0.628	2	小西得郎	0.610	2	藤村富美男	0.505
3	小西得郎	0.624	3	湯浅禎夫	0.609	3	野口明	0.504
4	梶本隆夫	0.623	4	天知俊一	0.599	4	鶴岡一人	0.497
5	原辰徳	0.622	5	坪内道典	0.594	5	湯浅禎夫	0.491
6	近藤昭仁	0.622	6	藤村富美男	0.593	6	藤田元司	0.490
7	鶴岡一人	0.619	7	川上哲治	0.590	7	小西得郎	0.487
8	西本幸雄	0.618	8	藤田元司	0.588	8	天知俊一	0.484
9	伊原春樹	0.618	9	水原茂	0.587	9	川上哲治	0.483
10	天知俊一	0.617	10	野口明	0.583	10	濃人渉	0.481
11	川上哲治	0.617	11	森祇晶	0.575	11	田中義雄	0.481
12	梨田昌孝	0.615	12	原辰徳	0.571	12	西沢道夫	0.480
13	湯浅禎夫	0.615	13	西沢道夫	0.568	13	阿南準郎	0.476
14	広岡達朗	0.612	14	川崎徳次	0.564	14	坪内道典	0.474
15	砂押邦信	0.610	15	濃人渉	0.561	15	森祇晶	0.471
16	森祇晶	0.610	16	阿南準郎	0.556	16	三原脩	0.469
17	武上四郎	0.609	17	広岡達朗	0.555	17	原辰徳	0.467
18	仰木彬	0.605	18	仰木彬	0.555	18	西村正夫	0.461
19	上田利治	0.605	19	梶本隆夫	0.547	19	王貞治	0.460
20	星野仙一	0.604	20	西本幸雄	0.546	20	権藤博	0.460

注1)　ダメ監督*が5割の勝率を達成する球団を当該監督が采配した場合に達成できる予測勝率
注2)　ダメ監督がチームを率いて達成できる勝率
＊　ダメ監督とは、この期間に2シーズン以上監督を務めた者（108人）のなかで勝率引き上げ効果が最下位であった監督のことをいう

表Ⅱ－2　2005年シーズンを指揮した監督のランキング（2004年シーズン終了時点での評価）

監督	同一戦力で達成できる予測勝率*	経験シーズン数
1　落合博満（中日）	0.665	1
2　伊東勤（西武）	0.617	1
3　堀内恒夫（巨人）	0.608	1
4　仰木彬（オリックス）	0.605	13
5　若松勉（ヤクルト）	0.588	6
6　王貞治（ソフトバンク）	0.588	15
7　B・バレンタイン（ロッテ）	0.582	2
8　山本浩二（広島）	0.578	9
9　T・ヒルマン（日本ハム）	0.576	2
10　岡田彰布（阪神）	0.562	1
?　牛島和彦（横浜）	?	0
?　田尾安志（楽天）	?	0

注　ダメ監督が5割の勝率を達成することができる球団を当該監督が指揮した場合の予測勝率

勝率に結びつかなかった。

表Ⅱ-2には、二〇〇五年のシーズンで指揮をとった監督のランキングを示した。ここでは、一シーズンの経験しかない落合、伊東、堀内、岡田の各監督も示した。一シーズンの経験だけでは運・不運の要素が大きく信頼性に欠けるが、二〇〇四年のリーグ優勝監督である落合監督は非常に高い勝率引き上げ能力をもっていたことがわかる。岡田監督は一シーズン目である二〇〇四年の成績はよくなかったが、二シーズン目に成果を上げてタイガースをリーグ優勝させた。監督の場合でも、一年目の成果だけで能力を測ることは難しいことがわかる。一般の仕事ならなおさらだろう。

実際の監督の成績査定には、ここで示した勝率上昇効果に加えて、球団の人気に直接影響を与える能力も評価対象になるだろう。監督の成績査定がどのように行われているか知りたいところだ。

1　監督効果を除いて、いずれの変数もその対数値で、各説明変数はリーグ平均からの差をとったもの。

2　推定に用いた監督総数は一三六名、標本数は六四〇、そのうち二シーズン以上の監督経験がある監督は一〇八名である。一般化最小二乗法による推定結果は、ln(球団勝率)＝−0.853＋1.305 ln（打率）＋0.108 ln（本塁打数）−0.737 ln（防御率）＋（監督効果）、戦力に関する係数はすべて有意、決定係数は 0.853 であった。勝率を上げるには平均打率を上げることが最も有効である。

3 大学教授を働かせるには？

学問の自由と何もしない自由

世の中が不景気になると、景気とは無関係な仕事をしている人々が世間の批判を浴びやすい。公務員もその一つである。不況になれば、公務員数の削減や給与カットが政策目標とされる。そのなかでも国立大学の教授は、世の中の役に立つような研究や教育を行っていないということで批判を浴びた職種の一つであろう。そのような批判を受けて、二〇〇四年から国立大学は国立大学法人という新しい組織形態に変更された。大学の自主性を高めた上で、評価を厳しくしていこうというのが改革の趣旨である。この改革で大学教員は公務員ではなくなったので、間違いなく公務員数の削減には貢献した。

ただでさえ少子化の進行で学生数が減り、大学の学生獲得競争はますます厳しくなっている。過剰人員・過剰設備をもった大学には、役に立つ研究を行ったり、学生の教育機関としてだけでなく社会人教育を行ったりすることが必要とされている。不況や転職率の高まりによって従業員の訓練の余力を失った企業に代わって、労働者の訓練の場としても大学が期待されている。これらの社会的要請が大学改革の背景にある。

もともと、大学教授は世の中で批判されることが多い。大学教授は「学問の自由」を理由に、何年もの間まったく研究もせずに、同じ講義ノートを使って講義を続けるという「何もしない自由」を謳歌《おうか》しているのではないか、という批判である。実際、日本では学生数が極端に減ることはなかったため、大学の倒産はつい最近までほとんどなかった。国立大学の教員は、定年までの雇用が保障されていた。今までは、一旦、国立大学に採用された教授が、研究能力が低いからという理由で解雇されたことはなかったであろう。このような終身雇用制が、何もしない大学教授を生んでいることは確かである。それでは、終身雇用制を廃止し、大学教授のポストを任期制にして、業績が悪ければ再任を拒否するという制度に変えれば、教授の研究意欲は増して、何もしない教授はいなくなるのであろうか。大学教授の研究意欲をもたらすための制度を経済学の視点から考えてみたい。

もともと、大学教授の終身雇用制の理由は、「学問の自由」を守るためである。「学問の自由」とは、政治的に望ましくないこと、人々に好まれないことを主張したり支持することによって、仕事を失わない権利である。この身分保証は、同時に、失敗するかもしれないが、革新的な研究に従事することができる権利を教授に与えることにもなる。これらはもっともな理由であるが、それと引き換えに、何もしない大学教授を生み出すことになって、最近の大学改革を引き起こした理由の一つになっている。そうした批判をもとに、大学教員の任期制の導入が進められている。

「学問の自由」に対する議論そのものは、経済学の範囲外の問題である。しかし、任期制の是非については、つぎのような問題に関して経済学で議論することができる。すなわち、(1)質の高い大学教員を採用できるかどうか、(2)教授の若手大学教員に対する教育意欲や指導意欲を高めることができるかどうか、(3)研究意欲を高めることができるかどうか、(4)研究業績のうち努力とは関係ない要因で変動するケースに対してどのように処遇すべきか、といった問題である。

大学教員の雇用契約の方法として、(1)全員任期制、(2)任期制と終身雇用権をもった教員の混合制度、(3)最初から終身雇用制度の三つが考えられる。(2)がアメリカ、(3)が日本で主流の制度だといえる。アメリカの制度は、若手教員を任期制で採用し、任期が切れるときに昇進するか否かを決定し、昇進できなければ他大学に転出するという制度である。昇進して、終身雇用権を得れば、基本的には、よほどのことがないかぎり解雇されない。しかし、給与は業績に依存して決まる。

一見、何もしない大学教授を一掃するためには、(1)の全員任期制を導入することがよさそうにみえる。しかし、研究者という、評価が困難な労働者の特性を考慮すると、全員任期制を採用するよりは、(2)のタイプの任期制と終身雇用制度の混合形態のほうが望ましい。また、大学研究者の活動に関する情報公開と外部機関による適切な業績評価制度が同時に必要である。どうしてこのような結論が導かれるのか説明していこう。[1]

大学教授を任期制にすると人件費への影響

任期の更新が不確実な任期制と終身雇用制で、両者の給料が同じであれば、危険を嫌う大学教員は、すべて終身雇用制度を選ぶことになる。逆にいうと、同じ能力の大学教員を雇うためには、終身雇用制にしたほうが低い給料でもよいことになり、人件費は少なくてすむ。そうすると、現在と同じ給与水準で任期制に移行したとすれば、大学の教員の平均的な質は低下することになる。しかしながら、終身雇用制にすれば安く大学教授を雇えるというメリットだけを享受できるわけではない。固定給与のもとで終身雇用制をとっていると、大学教授の研究意欲が低下してしまうことはすでに議論したとおりである。終身雇用制のもとで研究意欲をもたらすためには、給与水準や研究費を業績にリンクさせることが必要となる。

大学教員の流動性

任期制の導入は、大学教員の大学間移動および大学と民間企業などの間の移動を活潑《かっぱつ》化させることになろう。この点は、より望ましい職を探す機会が増えるという意味では望ましい。しかし、任期制の導入によって、事実上の終身雇用制度がなくなるというのは間違いである。理論的には、前述したとおり労働者は雇用機会の安定と賃金の安定を望み、また、そのほうが賃金が少なくてすむので、事実上の終身雇用制をとって給料を低く抑える大学や企業がでてくるからである。ただし、働きぶりが十分に観察されない場合は、労働意欲の低下というコストを支払うことになる。事実、転職率が国際的にみて高い国とされるアメリカでも、多くの優良な雇用形態は事実上の終身雇用制度になっていることは、経済学者の間ではよく知られた事実である。したがって、仮にすべて市場に任せて、あらゆる雇用契約の形態が選べるとした場合においても、競争的な市場均衡として、終身雇用契約が成立する可能性は十分にある。

質の低い新任教員の採用

新任大学教員の採用における特色として、新規大学教員の質に関する情報が不完全であることと、新規採用者を現職教授が選ぶということがある。大学における新任教員採用のこれらの特性は、任期制の導入が雇用保障の不安定化をもたらすために大学の新任教員の質を低める影響をもつ。このことを説明してみよう。

新しい教員の採用にあたっては、しばしばつぎのような状況が発生する。若手教員候補者はまだ発表論文数が少ないこともあり、その能力を採用前に正確に評価できるのは、論文そのものを読んで判断できる同じ分野を専攻する現職の教授だけである。しかし、いったん採用されて組織の一員となれば、組織の監督者（学部長）にも能力が評価できるようになることが多い。たとえば、博士号取りたての若手教員の研究が、権威ある学会誌に掲載されるまでに時間がかかったり、その研究の重要性が多くの人に知られるまでに時間がかかる場合が多い。そうすると、その研究者の業績を正しく評価できるのは、非常に限られたものになる。ところが、採用後数年たてば、論文が学会誌へ掲載されるか否かがはっきり

してくるし、論文の引用件数といった客観的指標も出てくるので、組織の監督者でも研究者の評価をすることが可能になる。

このとき、もし教員全員に終身雇用権がなければ、つぎのような問題が生じる。選考にあたる教授は、採用した新任教員の能力が自分より高いことが後になって判明すると、自分のほうが任期が切れた段階で更新されず、新任教員と置き換えられてしまうのではないかと懸念する。そのため、採用にあたってあえて正確な判断を下さず、自分より能力が劣っているとわかっている候補者を推薦する。採用後能力が低いことが判明したこの新任教員は任期切れで解雇される一方、採用を担当した現職教授は再任されることになる。このようなことが生じるとその組織の生産性は低下していくことになる。採用にあたって評価のバイアスをもたらすという任期制の弊害を防ぐために終身雇用権が必要となる。優秀な教員を採用することに貢献した教授に、その価値に見合った報酬を支払う制度であればこの問題は解決する。しかし、優秀な教授を採用したということに対する正当な報酬を決定するのは難しい。

専門能力の評価を行える人が現職教授しかいない状況において、財務的理由で、終身雇用の教授ポストを削減する必要が生じた際には、ある組織のなかで能力の劣った教授から解雇するよりも、その組織そのものを解散させることが望ましい。もし、能力の低い順に解雇するという制度をつくっておいたとすれば、あらかじめ能力の低い人を採用しておき、自分が最後に解雇されるという余地を残しておくことが現職教授の合理的な戦略になる。これに対し、人員削減が必要になった場合には、組織を解散するという原則にしておけば、組織が解散されないように優秀な教員を採用するようなインセンティブが働くのである。

したがって、新任教員の能力を判断するのが難しい場合に、現職教授に任期制を採用することは、悪貨が良貨を駆逐《くちく》することをもたらす可能性が高い。任期制がない制度のもとでさえ、自分の影響力の低下を恐れて、能力の低い研究者を採用しようとする潜在的なインセンティブが現職教授に存在することは否定できない。この場合には、組織としてのパフォーマンスを計測し、そのパフォーマンスが悪ければ組織を廃止するというかたちでインセンティブをつけることが必要である。個々の大学教授を任期付きにすることが、質の高い大学組織をつくることには必ずしもならないのである。

若手教員に対する訓練の低下

大学教授は、新規採用の助教授や助手を教育訓練する。しかし、教授職に任期制がしかれていると、訓練した助教授に自分のポストを取られてしまう可能性が出てくる。もし、このような可能性があれば、教授は若手教員の教育を行う意欲をなくす。その上、もともとポストを取られないような無能な助教授や助手を採用するであろう。

大学教授が若手教員の訓練意欲をもつためには、訓練によって上昇したその組織の業績に対する貢献への正当な評価と報酬が必要である。また、そのような貢献に対する十分な報酬がなければ、若手教員も教授と協力して研究に努力するという意欲をもたないであろう。

望ましいインセンティブ制度

大学教授の研究・教育のインセンティブを高めるためには、給与や研究費の配分を業績に依存させることが必要であろう。アメリカにおける終身雇用教授の場合でも、業績がなければ給与が自動的に上昇していくことはないという。また、組織に対する研究費の配分をなんらかの業績評価に応じて行い、長期間業績が停滞している場合には、その組織を廃止するという原則を立てるほうが望ましい。革新的な研究をねらっているために、個人として研究の成果が出ない場合でも、多くの研究者を抱える組織で、長い間研究成果が出ないということは考えにくいからである。研究者の活性化をはかるためには、外部評価制度を導入し、その審査結果を公表し、組織の改廃を活潑化することのほうが、長期的には望ましい。

いずれにしても、任期制度の導入は、組織に関する的確な外部評価制度がないと、組織内での自らの相対的評価を上げることのみに現職の教授が熱心になるという弊害をもたらすということはいえるだろう。ただし、新規採用において、候補者の能力を誰もが比較的簡単に評価できるような学問分野であれば、任期制の弊害は比較的少ないかもしれない。また、教授の任期制が仮に導入されたとして、その職位の不安定性を十分に補償するだけの給与の引き上げがなければ、若い研究者が教授への昇進をインセンティブとして研究に励むという意欲を引き下げてしまう可能性がある。

若手教員の任期制と教授の終身雇用制度

若手教員の任期制の導入はむしろ望ましい。まず、終身雇用の教授のポストへの昇進を目指すための努力を引き出すメカニズムとして作用する。なぜなら、最初にも述べたように、危険を嫌う人間であれば、終身雇用権のあるポストが魅力的であるからである。

また、学者としての能力は、短期間では判定しにくいが、五年程度の期間があれば、かなり正確に判定することができる。若手教員にとって、任期制は他の職種での活躍の機会をもたらす。採用側にとっても、採用時に能力に対する不確実性が原因となって発生するような間違った選択によるコストを負担する必要がないため、積極的に若手研究者を採用することができる。

さらに、任期のある助教授ポストから任期のない教授ポストへの昇進の際の審査においては、内部の教授のみならず、外部におけるその分野の複数の評価者（アメリカの大学の例では一二人）に評価を依頼して、その意見を取り入れることが必要である。そうしないと、質の低い教授を選ぶというインセンティブが働く可能性が残るからだ。

終身雇用の教授についた場合に、現在の制度のように自動的昇給制度が存在すれば、研究の意欲は薄れてしまう。終身雇用教授については、業績により給与を変動させるための制度を取り入れることが必要である。また、学会での業績に基づいた賞を設けることも教授の研究活性化策として有効であろう。一番重要なのは、学会内で研究や教育をする教授を正しく評価することだ。

大切な評価制度

まとめると、他の状況が変わらないで、全員任期制が採用された場合には、つぎのことが生じる。

⑴採用される人の質が低下する。
⑵新規採用された人の質が悪いように現職教員がみせかける。
⑶終身雇用制から任期制になると教授ポストの魅力が低下するため、若手教員の昇進意欲が低下し、業績低下につながる。

(4)終身雇用権がない大学教授は、雇用不安のために権力への隷従の度合いを高める。

ただし、これらの問題は、現在の全員終身雇用制のもとでも発生している。全員任期制はそれをより高める傾向があるということである。

任期制の導入がすべて悪いのではなく、問題があるのはすべての大学教授を現在の給与システムのまま、一律に任期制度にすることである。むしろ、若手教員についての任期制の導入は望ましい。

大学改革で必要とされているのは、専門家による外部評価の義務づけ、業績主義的な教授の給与体系、といったものであり、大学教授すべてを任期制にすることの問題は大きい。むしろ、組織廃止の可能性を教授の研究意欲増大と優れた人材の採用へのインセンティブとするほうが望ましい。重要なのは正しい評価制度のもとに、組織の廃止を決定していくことである。

ただし、組織の廃止という脅しが大学教授の研究意欲と結びつくためには、あらかじめ研究の評価基準が明記された上で、その評価のもとで組織の廃止の決定がなされなければならない。たとえば、研究の水準とはまったく無関係な教員数という組織の規模が評価基準に入っていたとすれば、研究者にとってより高いレベルの研究を行うことに時間を費やすよりも、研究機関の規模を大きくするための事務作業に時間を費やすことが、研究機関の存続確率を高めることになる。

誤った評価基準で再編を行うことの、長期的な研究レベルへのマイナスの影響は大きい。再編の評価基準に業績ではなく規模を用いるという手法は、大学と同じ規制産業に属する金融機関の再編の際にも用いられ、それが日本の金融機関の効率性を著しく落としてきたことはよく知られている。個々の労働者の能力を正確に計ることが難しい場合に、組織の廃止を労働意欲の源にするという政策は正しいが、組織のパフォーマンスを計る指標を間違えるとその影響は大きく長期的なものとなる。これは、企業の人事評価制度にもそのままあてはまることが多いのではないだろうか。

1　本節の議論は、Carmichael (1988)、Mckenzie (1996)、McPherson and Winston (1983)、Milgrom and Roberts (1992)、を参考にしている。

4　オリンピックの国別メダル予測

アテネ・オリンピックでのうれしい誤算

オリンピックでは、毎回各国のメダル数争いが関心を呼ぶ。日本のメダル獲得数は、アトランタで一四、シドニーで一八であったが、アテネでは三七に倍増した（表II-3参照）。

このようなアテネでの日本のメダルラッシュは、必ずしも予想されていなかった。二〇〇四年六月十七日の共同通信社の報道によれば、アテネ五輪で日本選手団の総監督を務める日本オリンピック委員会（JOC）の福田富昭選手強化本部長は、日本の金メダル獲得数について「二けたを目指したい」と述べ、一〇個以上を目標とする考えを明らかにした。一方、JOCの情報戦略部会が過去の世界選手権や世界ランキングなどを競技ごとに分析した結果、金は多い場合は九個、少ない場合は三個と予測していた。福田総監督は、「そういう分析結果に挑戦したい」、メダルの総数では「二四個か二五個は取りたい」と話していた。福田総監督は、最も金メダルが期待できる競技として柔道を、次いでレスリング女子をあげていた。実際には、金が一六個、銀が九個、銅が一二個の合計三七個のメダル数だったのだから、うれしい誤算となったのだ。

シドニー・オリンピックのメダル獲得数

日本のオリンピックでの獲得メダル数は、国際的な「相場」よりも多いのだろうか、それとも少ないのだろうか。

シドニー・オリンピックで最も多くメダルを獲得した国は、アメリカで九七個、二位がロシアで八八個、三位が中国で五九個、四位が開催国オーストラリアで五八個、五位がドイツで五七個となっている（表Ⅱ－4）。シドニーにおける日本の一八個は、ウクライナの二三個についで第一四位であり、一七個のハンガリー、ベラルーシが続いている。

表Ⅱ－3 日本のメダル獲得数の推移

	金	銀	銅	合計
1960 ローマ	4	7	7	18
64 東京	16	5	8	29
68 メキシコシティー	11	7	7	25
72 ミュンヘン	13	8	8	29
76 モントリオール	9	6	10	25
80 モスクワ	–	–	–	–
84 ロサンゼルス	10	8	14	32
88 ソウル	4	3	7	14
92 バルセロナ	3	8	11	22
96 アトランタ	3	6	5	14
2000 シドニー	5	8	5	18
04 アテネ	16	9	12	37

オリンピックのメダル数が、一流スポーツ選手の人数に比例し、優れたスポーツ選手が生まれるのは人種や国に依存しないとすれば、一流スポーツ選手数は人口に比例するはずである。そうすると、人口の多い国でメダル数も多くなりそうである（人口順位は表Ⅱ－5を参

照）。シドニー・オリンピックでメダルを獲得した国の人口順位は、一位中国、二位インド、三位アメリカ、四位インドネシア、五位ブラジル、六位ロシア、七位日本である。メダル数が多いアメリカや中国は、やはり人口も多く優れたスポーツ選手が多いのもうなずける。ところが、人口二位のインドのメダル獲得総数は一個にすぎない。インドネシアも六個である。日本も人口順位よりもメダル順位のほうが低い。日本の次に人口が多いナイジェリアはメダル獲得数は三個だけである。これは、スポーツの才能が人種によって異なっていることを示しているのだろうか。それとも、別の要因がオリンピックでのメダル獲得数に影響している

表II－4　シドニー・オリンピックでのメダル獲得数

国名	金	銀	銅	合計
1 アメリカ	39	25	33	97
2 ロシア	32	28	28	88
3 中国	28	16	15	59
4 オーストラリア	16	25	17	58
5 ドイツ	14	17	26	57
6 フランス	13	14	11	38
7 イタリア	13	8	13	34
8 キューバ	11	11	7	29
9 イギリス	11	10	7	28
10 韓国	8	9	11	28
11 ルーマニア	11	6	9	26
12 オランダ	12	9	4	25
13 ウクライナ	3	10	10	23
14 日本	5	8	5	18
15 ハンガリー	8	6	3	17
16 ベラルーシ	3	3	11	17
17 ポーランド	6	5	3	14
18 カナダ	3	3	8	14
19 ブルガリア	5	6	2	13
20 ギリシャ	4	6	3	13
21 ブラジル	0	6	6	12

表II－5　世界の人口ランキング

順位	国	人口(億人)
1	中華人民共和国	13.158
2	インド	11.034
3	アメリカ合衆国	2.982
4	インドネシア	2.228
5	ブラジル	1.864
6	パキスタン	1.579
7	ロシア	1.432
8	バングラデシュ	1.418
9	ナイジェリア	1.315
10	日本	1.281

「世界人口白書」2005年度版より作成

のだろうか。

経済学者によるメダル予測

ダートマス大学のバーナード教授とカリフォルニア大学のビューズ教授は、オリンピックのメダル獲得数がどのような要因で決まるか計量経済学的に分析し、シドニー・オリンピックの前に、予測されるメダル獲得数を発表した。

彼らの分析によれば、メダル数の獲得を決定する要因は、一人あたりGDP（国内総生産）と人口の両方である。しかも、その両者は、ほとんど同じだけメダル数に影響する。つまり、人口が一パーセント増えても、一人あたりGDPが一パーセント増えても、オリンピックのメダル数は同じだけ増加するのである。それで、世界の人口の二〇パーセントを占める中国が、シドニーで六パーセントのメダル獲得しかできなかった理由が説明できる。人口二位のインドがメダル一個というのも説明できよう。両国とも人口は多いが一人あたりのGDPが少ないのが原因になっている。しかし、それでは、ドイツやフランスよりも一人あたりGDPも人口も多い日本のメダル数が、ドイツやフランスのメダル数よりも少ないことが説明できない。

バーナード教授らは、メダル数を説明するために、オリンピック開催国、旧ソ連・東欧諸国、その他の共産主義国という説明変数を加えるとメダルの予測パフォーマンスが上昇することを示している。つまり、開催国や共産主義国は、メダル獲得数を増やすために、スポーツ選手などに集中的に資源を投入することが可能で、そのために、メダル数が増えていたというのである。しかし、それでも予測モデルのパフォーマンスは十分ではなかった。日本は予測の割には、メダル獲得数が少なすぎる国になってしまう。

そこで彼らが考えたのは、一つ前の大会でのメダルの獲得数の比率を、予測モデルの説明変数に追加することであった。この意味するところは、選手の育成に時間がかかること、一度育成した選手はいくつかの大会を通じて活躍できることを反映している。実際、この一大会前のメダル獲得数の影響は、一人あたりＧＤＰや人口といった他の影響よりも強いことが明らかにされている。

東京オリンピックの前には選手の育成に資源を投入したため、東京オリンピックでは、日本は多くのメダルを獲得することができた。しかし、東京オリンピック後は選手育成に資源を投入しなかった上、東京オリンピックの選手育成の遺産もなくなってきたため、日本のメダル数がアテネ以前では少なかったのである。ただし、そのような事情を考えても、アトランタ大会における日本のメダル獲得数はモデルによる予測値を下回っていた。一方、シドニーにおける日本のメダル獲得数の予測値は一九個であったが、実際には一八個であり、ほぼ近い値になっていた。アメリカについては、実際の獲得数九七個を的中させている。大幅な予測違いは、中国であった。彼らの予測では四九個であったが、中国は五九個のメダルを獲得している。イギリスも予想以上に健闘した。予測数一八個に対して二八個であった。

バーナード教授たちは、アテネ・オリンピックのメダル獲得数の予測も、彼らのホームページ上で発表した。それによると、日本のアテネでのメダル獲得数は一九個、金メダル獲得数は六個と予測されていた。メダル数一位はアメリカで九三個、二位はロシアで八三個、三位は中国で五七個と予想していた。実際には、一位アメリカ一〇三個、二位ロシア九二個、三位中国六三となった。大幅な予測違いは、日本のメダル獲得数である。日本のメダル獲得総数は予測の一九個に対して三七個、金メダル数は予測六個に対して一六個になったのである。事前の予測を超えるメダル獲得ができたのは、政府の支援策が強化されたこと、オリンピック本番でも力を出せるように日本の若者の精神力が強くなったこと、女性スポーツ選手が活躍するようになったこと、訓練方法が改善されたこと、個人種目選手の海外高地特訓が普及したこと、ドーピング検査の強化が日本選手に有利に働いたことなどがあげられている。

日本オリンピック委員会もアメリカの経済学者も、アテネ・オリンピックにおける日本の獲得メダル数の予想を大きく外すことになったのは、予測モデルにアテネ・オリンピックにおける日本の対応策やドーピング検査の強化の影響がまったく取り入れられていなかったからだろう。それでは、北京オリンピックのメダル獲得数はどうなるのだろうか。

1　Bernard, Andrew B. and Meghan R. Busse (2004). この論文は、二〇〇〇年九月のシドニー・オリンピックの前に公表された。

5　職務発明に宝くじ型報酬制度

二〇〇億円判決

二〇〇五年一月十一日、中村修二《なかむらしゅうじ》氏が前勤務先である日亜化学に対して青色発光ダイオードの職務発明に対する対価を求めて起こしていた裁判は、中村氏が東京高裁の約六億円（遅延損害金を含めると約八億四千万円）という和解提案に応じることで決着した。この裁判については、会社が二〇〇億円の報酬を中村氏に支払うべきだとした東京地裁の一審判決が大きな波紋を呼んだ。これに対して、東京大学名誉教授の西村肇氏は科学者の立場から科学論文の貢献度を計測する方法を提案し、その手法によって中村修二氏の会社の利益に対する貢献は二〇億円であると判断している（西村、二〇〇三）。

二〇〇五年の特許法改正で、職務発明規程を定める際に労使協議が求められるようになった。革新的な職務発明に対して、どのような報酬制度を設計すべきかは非常に難しい。通常、革新的な職務発明は、成功するか否かについて非常に大きな不確実性をともなうからである。

研究開発を行っているエンジニアを考えてみよう。研究開発には、試行錯誤がつきものである。新たな材料を開発する際に、さまざまな原材料の組み合わせや加工の手法について、何千もの組み合わせがあった時に、一〇〇人のエンジニアにランダムにその実験を割り振っておいて、たまたま一人のエンジニアの実験が成功するという例はごく普通にみられることであろう。このとき市場価値のある実験を行ったのは、実験が成功したエンジニアだけであり、他の九九人のエンジニアは市場価値がゼロの実験を行ったといえるであろうか。この場合の成果は、一〇〇人のエンジニアのチームで成果を上げたと考えて、研究チームに対して分配すべきであろう。一〇〇人のエンジニアは、よほどのギャンブル好きでないかぎり、成果が均等に配分されることが事前に決められていることを望むはずである。

つまり、エンジニアがリスクを嫌うのであれば、企業は報酬を事後的な成果に応じて支払う必要がない。職務発明が成功した場合に得られる期待収益から、職務発明の不確実性によって発生する危険負担分の保険料を差し引いて固定的に支払ってもらうことを、エンジニアは望むはずである。むしろ、事後的な成果に応じて報酬を払いたいのは企業である。完全に固定給にしてしまうとエンジニアのやる気がなくなることを恐れる企業が、事後的な成果を給与に反映させたいと考えるのである。少なくとも、エンジニアはあまりにも不確実性が大きい時に、成功報酬的な賃金制度を望まない。それにもかかわらず、中村修二氏の二〇〇億円判決に対して支持を表明するエンジニアもいるという。この理由として二つの仮説を考えることができる。エンジニア個人の成果仮説と、自信過剰仮説である。

エンジニア個人の成果仮説

エンジニアが、二〇〇億円判決を支持するとすれば、職務発明が企業の主導ではなく、本当にエンジニア自身の計画のもとで行われた場合である。つまり、職務発明が会社や上司の指示のもとで行われていないケースである。職務発明をもたらすための研究の方法や方向性に対する十分な指示ができない場合には、会社はエンジニアがまじめに仕事をしているか否かをその「仕事ぶり」で判断することはできない。その場合には、エンジニアの「仕事ぶり」は、どのように研究や実験を進めたかで評価されるのではなく、どのような成果を会社にもたらしたか、という観点のみで評価せざるをえなくなる。

富山大学の唐渡広志氏と筆者は、成果主義的な賃金制度が導入された場合には、同時に権限委譲や能力開発の機会を増やさないと労働意欲が高まらないことを明らかにした（大竹・唐渡、二〇〇三）。中部地方の企業の労働者にアンケートし、過去三年間で自分の仕事がどのように変わったか、その企業で成果主義的な賃金制度が導入されたか否かを調べた。その結果によれば、成果主義的な賃金制度を導入した企業の従業員の六五パーセントは、自分の裁量に任される範囲が広まったと認識しているが、導入されていない企業の従業員でその認識をもっているものは五八パーセントであり、両者には統計的に意味のある差が確認できる。

シカゴ大学のプレンダーガスト教授も、成果主義的な賃金制度の導入が行われた場合には、同時に権限委譲が行われていることが多いという指摘をしている（Prendergast, 2002）。プレンダーガスト教授は、成果主義的な賃金制度が採用されているのは、成果の不確実性が高い職場であることをさまざまな実証結果から指摘している。不確実性が高い職場で成果主義的な賃金制度が採用されるのは、リスクとインセンティブのトレードオフという経済学の基本原理に反しているようにみえる。リスクを嫌う労働者は、リスクが高い職場ほど固定給を好むはずだからである。プレンダーガスト教授は、不確実性が高い場合には、しばしば最適な仕事のやり方が上司にもよくわからない場合が多いことを指摘している。そして、そのような場合には仕事の投入に応じた賃金制度ではなく、権限を委譲した上で成果に応じた賃金制度を導入したほうが望ましくなることを示している。

たしかに、中村修二氏の場合には、会社の指示とは無関係に青色発光ダイオードの研究開発を続けたという側面があるかもしれない。しかし、会社が研究資金を提供し、中村氏に対して固定的な報酬を支払っていたことも事実である。

自信過剰仮説

エンジニアが二〇〇億円判決を支持する第二の理由として、人々は成功確率を過大に見積もる傾向があることが考えられる。

たとえば、「宝くじ」は、平均的には必ず損をするにもかかわらず、多くの人が購入する。これは、人々が当選確率を過大に見積もっているからだと解釈することができる。実際、「くじ」の当選確率と「くじ」に対する価格付けについての経済実験がアメリカ、カナダ、中国、日本で行われている（日本については筒井・池田・大竹（二〇〇四）を参照）。その結果、いずれの国における実験においても、当選確率が三〇パーセントより低い「くじ」については、人々は危険愛好的に振る舞うことが示されている。図Ⅱ-1には、筆者が大阪大学の筒井教授・池田教授と共同で行った実験結果を示している。我々が行った実験は、当選したら一〇〇〇ポイント（二五〇〇円）獲得することができ、当選確率がさまざまに異なるくじを提示し、被験者がその値付けを行うというもので、アメリカ、カナダ、中国で行われた研究と同じ手法を用いている。この価格付け実験から危険回避度を計算して示したものが図Ⅱ-1である。図の縦軸は、危険回避度と呼ばれる指標であり、ゼロより大きいと危険回避的、負の値は危険愛好的であることを意味する。横軸はくじの当選確率を示している。図から明ら

図Ⅱ－1　当選確率と絶対的危険回避度

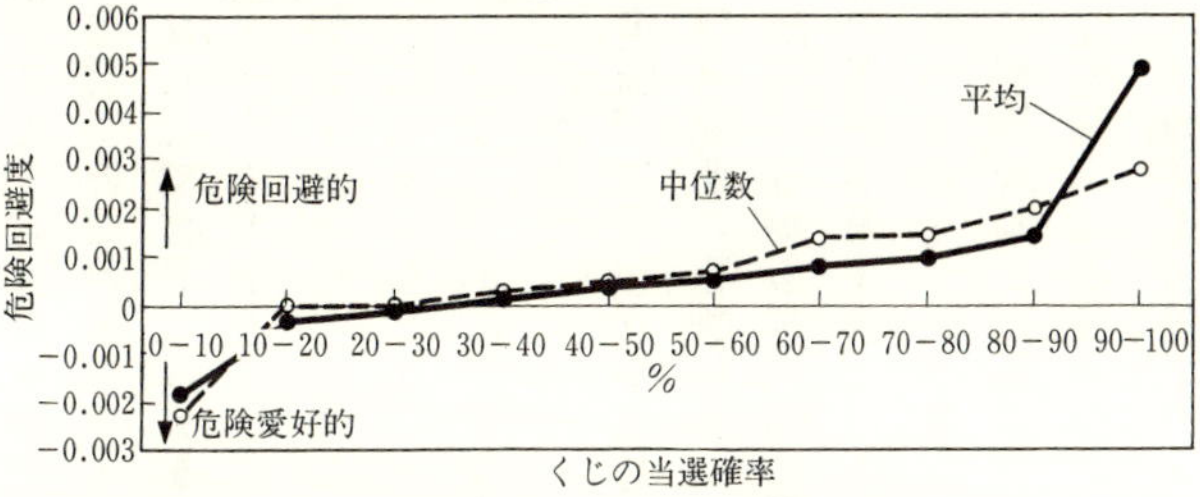

筒井・大竹・池田(2004)「危険回避度の計測——阪大2004.3実験」より作成

かなように、当選確率が低い「くじ」については、人々は危険愛好的な態度を示している。

この実験結果に対する一つの解釈は、人々は成功の可能性が非常に低いものについて、その成功確率を客観的なものより過大に評価してしまうというものである[1]。そのため、本来危険回避的であるにもかかわらず、危険愛好的であるように行動してしまう。そうであるならば、非常に成功の可能性が低い研究プロジェクトの報酬体系が固定給ではなく、成功報酬型になっていることを人々が好むことも説明できる。エンジニアが賃金の一部で「宝くじ」を購入していると解釈するのである。つまり、成功する確率が非常に小さなプロジェクトであれば、その分宝くじの価値も小さいので、固定的な賃金がわずかばかり低下しても、エンジニアは成功した場合に莫大な金額がもらえるような報酬体系を望むのである。逆にいえば、平均的な賃金が低下しても、巨額の成功報酬の可能性のある報酬体系を技術者が望むのであれば、企業はこのような成功報酬型の賃金制度を提示することで人件費を節約し、利潤を高めることが可能である。

二〇〇億円判決の莫大な報酬金額に対する人々の支持は、上司が満足な指示を出せないような状況で自分は成果を出しているという人々の意識を反映しているのだろうか。それとも、宝くじに対する選好と似た意識が働いている可能性があるのだろうか。もし、技術者の自信過剰が原因なら、企業が宝くじ型賃金制度を導入することで、結果的には技術者は損をすることになる。なぜなら、技術者は、本当に危険愛好的だから宝くじ型報酬制度を選んでいたのではなく、単に成功確率を過大評価していたために、そのような報酬制度を間違って選んでいたからだ。

実際、二〇〇五年三月三十一日の「日本経済新聞」の報道によれば、セイコーエプソン社は職務発明の報酬体系に、従来型の固定報酬制度に加えて、宝くじ型の報酬制度を二〇〇五年四月一日から選択的に選べるようにした[2]。その制度のもとで、どのような技術者が宝くじ型の報酬体系を選んだのかを分析すれば、よりよい制度設計が可能になるだろう。

本当にエンジニア個人の貢献が大きく、成功が確実な職務発明であれば、エンジニアは宝くじ型報酬制度を選ぶかもしれない。一方、危険回避的なエンジニアは従来型の固定的報酬制度を選ぶだろう。しかし、なかには危険回避的であるにもかかわらず、自信過剰から宝くじ型報酬制度を選んでしまうエンジニアもいるかもしれない。

最後に、エンジニアの報酬を成功報酬型にする場合の問題点を指摘しておきたい。エンジニアの研究開発のインセンティブは、必ずしも金銭的な報酬だけではないかもしれない。発明者という名誉や社内での尊敬という非金銭的な報酬が非常に重要な場合もある。その場合に、不十分な金銭的報酬制度を導入すると、それまでエンジニアがもっていた非金銭的な報酬というインセンティブも機能しなくなってしまう可能性もある。報酬制度設計の難しいところである。

1 竹中（二〇〇五）は、「ミリオネア」というテレビのクイズ番組出場者のデータを用いて、危険回避度を計測して、ミリオネア出場者が危険愛好的であるという結果を導いている。

2 「エプソン、発明報奨制度に『ハイリターン型』導入―― セイコーエプソンは四月一日から、選択制の発明報奨制度を導入する。売り上げ貢献などに応じ四万―数百万円を得る従来方式に加え、確実な報奨は数千円のみだがライセンス収入が入れば一定の比率で報奨が上昇し億円単位の対価も期待できるコースを新設する。発明対価訴訟のリスクを抑えつつ技術者の意欲を引き出す。……エプソンの新制度は全従業員一万二八〇〇人が対象。従業員が従来方式を選ぶと、特許の出願時、登録時にもれなく二万円程度の報奨を支給。出願から二年後に社内の『優秀発明賞』に選ばれると数十万円を得るほか、製品の売れ行きなどに応じ計数十万円から多くて数百万円の報奨が上積みされる」（「日本経済新聞」二〇〇五年三月三十一日）

6 賞金とプロゴルファーのやる気

プロスポーツは、経済学の理論モデルを検証するために頻繁に使われてきた。プロスポーツの場合には、一般の労働市場では研究者が手に入れることが困難な、年俸や成績という情報を比較的容易に手に入れることができるからである。スポーツのなかには、個人の成績をかなり正確に計測できるものがある。ゴルフはその典型である。チームスポーツであっても、野球は個人成績に関するデータが豊富である。個人の成績を計測しにくいチームスポーツであっても、監督の場合には成績を客観的な指標で計測することが比較的容易である。

経済学では、プロスポーツにおける報酬と生産性のデータから、賃金決定に関する理論モデルの検定や人種差別に関する実証研究が行われている。また、チームの移動という転職行動を選手、監督について観察できることから、転職の決定メカニズムについてのさまざまな仮説検定が行われている[1]。それらの一端を紹介しよう。

ゴルフの賞金構造を用いたトーナメント理論の検定

労働者の努力の程度が不完全にしか観察できない場合に、彼らの努力を引き出す報酬制度の一つにトーナメント制度の賞金のように報酬を決定する制度がある。つまり、昇進をトーナメント制度と解釈し、業績をより多く上げた労働者に対する賞金として上位のポストを提供することで、労働者の努力を引き出すのである。このような報酬制度のメリットは、複数の候補者の業績の絶対水準を人事部が観察できない場合でも、業績の相対関係がわかればよいことだ。

トーナメント制度のもとでは、昇進可能性が高くなるほど、そして、昇進した場合の賃金上昇が高ければ高いほど、労働者はより努力することになる。このようなトーナメント理論の含意が本当に成立するのかどうかを、一般の労働者のデータを用いて検証することは困難である。ところが、プロゴルフの場合には、賞金の構造がわかっていること、ストローク数という客観的データから選手の努力水準を推測できること、予選ラウンドにおける順位が高いほど決勝ラウンドにおける優勝の可能性が高いこと、といったトーナメント理論の含意を検証するのに十分な情報が得られる。

インペリアル・カレッジのジマンスキー教授は、賞金と努力水準との関係について、つぎのことを理論的に明らかにしている[2](Szymanski, 2003)。第一に、トーナメント参加者の能力が等しければ、賞金総額が高いほど、個々の参加者も参加者全体の努力水準も高まる。第二に、参加者の能力に差がある場合でも、二位、三位の賞金をうまく設定すると参加者の努力を引き出すのに有効である。

この点をジマンスキー氏は例を使ってわかりやすく説明している。今、三人の競争参加者を考えよう。もし、三人の能力が同じであれば、一位の人にだけ賞金を出すことで、三人とも賞金を目指して努力する。つぎに、一人は能力が高く、他の二人はかなり能力が低いが二人とも同程度の能力であるとしよう。もし、一位のものにしか賞金がなければ、能力の低い二人は一位になる見込みが小さいので最初から競争をあきらめてしまう。能力の高いものは、残りの二人が最初からあきらめていることもあって、それほど努力しなくても一位になれるので、ますます努力しない。つまり、この競争では三人ともやる気を出さないことになる。

ところが、二位にも賞金を出すことにすれば、能力の低い二人も、二位の賞金ねらいで、一生懸命努力する。そうすると、能力の高い参加者もうかうかしていられないので、努力することになる。つまり、二位の賞金を設定することで、三人の参加者とも努力を引き出すことができるのである。言い換えると、参加者の能力差が小さければ賞金格差を大きくし、能力差が大きければ賞金格差を小さくしたほうが、参加者の努力をより引き出すことができる

図Ⅱ－2　ゴルフトーナメントの賞金構造

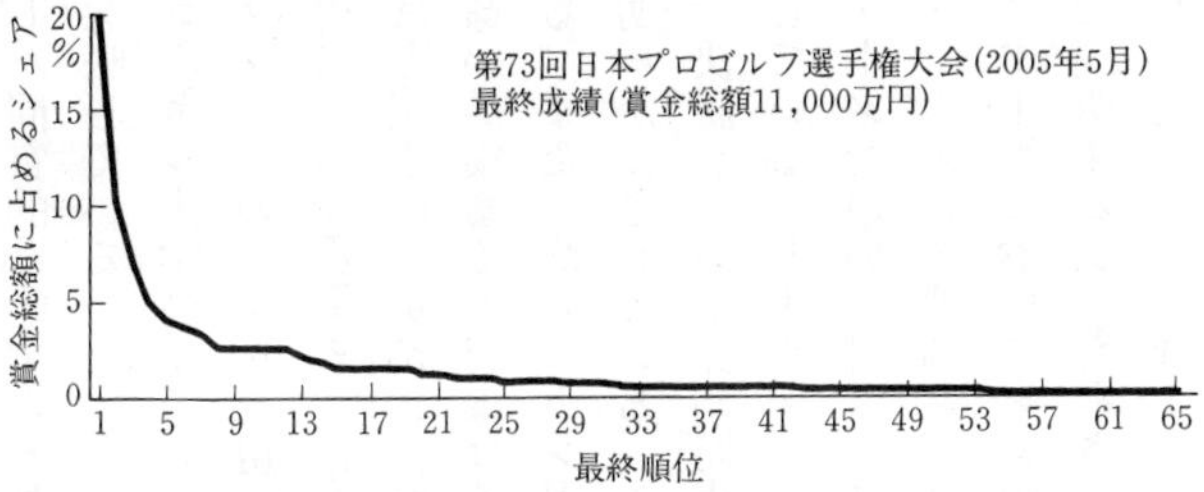

日本プロゴルフ協会HP(http://www.pga.or.jp)より作成

のである。日本企業のように昇進の可能性をもった従業員が多い場合には、昇進候補者の能力格差も大きいと考えられる。その場合には、上位のポストの間の賃金格差を小さくするほうが、昇進競争参加者の努力を引き出すことができる。一方、アメリカの企業のように、最初から同質的な競争参加者を絞って昇進競争をさせる場合には、上位の職の間の賃金格差を大きくするほうがいいということと対応するかもしれない。

プロゴルフ競技は、理論モデルと整合的にできている。まず、参加者の能力をできるだけ一定にするために、過去の成績に基づいた参加資格による選抜の上に、本選においても途中の成績でカットされ、最終日にプレーする選手が限られる。その上、図Ⅱ－2に示した日本プロゴルフ選手権の賞金構造からわかるように、上位の間の賞金格差のほうが、下位の間の賞金格差よりも大きくなっている。つまり、優勝賞金と二位の賞金格差のほうが、九位と一〇位の賞金格差よりも大きい。これは、参加資格を決勝ラウンド進出者に絞っているため、ゴルフトーナメントが同質的な能力の参加者を前提にした賞金格差の大きなトーナメントとなっていることを意味している。

コーネル大学のオイレンバーグ教授とボニャーノ教授は、アメリカとヨーロッパのプロゴルフツアーのデータを用いて、トーナメント理論の仮説を検定し、仮説と整合的な実証結果を得ている（Ehrenberg and Bognanno, 1990a, b）。彼らの第一の発見は、賞金総額が大きい大会ほど選手の成績がよくなることである。これは、単に賞金総額が大きい大会のほうが優秀な選手が集まるのではなく、選手の能力を考慮しても、スコアがよくなることが確認されている。また、決勝ラウンド開始時点で上位にいる選手ほど決勝ラウンドでの成績がいいことも明らかにされている。これは、上位の間の賞金格差が下位の間の賞金格差よりも大きいため、決勝ラウンド開始時点で上位のものほど、より努力するインセンティブがあることを反映している。トーナメント理論の検証としては、似た性質のスポーツであるボウリング選手のデータを用いた研究もある。

トーナメント理論は、ゴルフのように個人スポーツに適用されることが多かったが、チームスポーツにおいても適用されており、チーム内での選手別の年俸の決定をトーナメント理論で説明する試みもなされている。

たとえば、メジャーリーグの選手年俸の経済分析で多くの業績を上げているスカリー教授は、ランクオーダー・トーナメントの理論を用いてチーム内の年俸格差を理論的に分析した（Scully, 1995）。彼は、選手の自発的なチーム間移動が規制されていればいるほど選手の間の賃金格差が小さくなること、チーム内の年俸格差が大きいほど選手の練習量が増加し選手の技能が高まることを実証的に示している。フリーエージェント制度の導入後、チーム内の賃金格差が拡大したことはこの理論と整合的である。フリーエージェント制度の導入によって選手の能力が上がったかどうかについては検証が困難であるが、選手寿命が長くなったことはよく知られている。これはフリーエージェント制度の導入で賃金格差が高まったために、選手の練習意欲が高まり、以前より密度の濃い練習をするようになったことが影響しているのではないか、と考えられている。

しかしながら、チームスポーツにトーナメント理論を適用することの限界を指摘する実証研究もある。それは、あまりにも賃金格差を大きくすることは、選手の努力を引き出す効果よりも、チームワークや意欲を失わせるといったデメリットのほうを大きくさせる可能性があるからである。ドーソン教授とゴッダード教授は、イギリスのサッカーリーグにおける契約交渉の失敗のなかには、選手が希望する年俸が既存のチーム内の年俸構造を壊すことになるということが理由になっているものが多いという（Dorson and Goddard, 2001）。実際、アメリカのメジャーリーグの一九九二年から九五年のデータを用いた研究で、選手年俸の平均値は勝率や優勝確率にプラスの影響を与えるが、選手年俸のチーム内の格差が大きくなることは勝率にはマイナスの影響をもっており、優勝確率には無関係であることを示したものがある（Richards and Guell, 1998）。

人種差別の存在に関する実証分析

プロスポーツの経済分析のなかで数多くの分析がなされてきたものに、人種差別の実証分析がある。プロ野球において、個人成績を考慮した上で、人種が年俸に与える影響を計測することで人種差別の計測を行った分析が古くから行われてきた。ただし、この場合には、経営者の人種差別なのか、ファンの人種差別なのかが識別できない。この点を識別する分析として、アメリカにおける選手の野球カードの市場価格を人気の直接的な指標として用いて、それが選手成績をコントロールした上で人種が説明力をもつかどうかで検定したものがある。いずれの分析も、人種差別が存在するという仮説と整合的な結果が得られている。しかし、最近ではメジャーリーグにおける人種差別の程度は弱まっていることも明らかにされている。

プロバスケットボールにおいても、賃金格差に人種差別の存在することが明らかにされてきた。ところが、人種を理由とした年俸格差の大きさが監督の人種によって影響を受けないという事実があり、プロバスケットボールにおける人種による年俸格差は、バスケットボールの監督による差別が原因というよりも、観客による差別が原因であると考えられている。

個人成績を客観指標にしにくいサッカーでは、異なるアプローチによる人種差別の検定が行われている。シカゴ大学教授で一九九二年度ノーベル経済学賞受賞者のベッカー教授は、製品市場が競争的であれば、人種差別を行う経営者は利潤を犠牲にしているため、長期的には競争に負けていくという議論を展開した。

ジマンスキー教授は、このベッカーの差別仮説を使って、サッカーにおける人種差別を検証した。具体的には、イギリスのサッカーリーグにおいて、チーム間の年俸の差を考慮した上で、黒人選手の比率が高いほどチームの勝率が高いのであれば、黒人選手への差別が存在していることになる。人種差別をしない球団経営者は、年俸総額を一定にしたまま、黒人選手の比率を上げることで、チームを強くすることができる。もし、そういう行動をとっていない球団があれば、黒人選手の比率が低い球団は勝率を犠牲にしてでも黒人差別をしていることになる。ジマンスキー教授の分析結果は、イギリスのプロサッカー界における差別の存在を確認している。

ただし、黒人選手の比率は観客数や収益には影響を与えていないことから、差別の原因は観客側に起因するのではなく、経営者側に起因するのではないかと考えられている（Preston and Szymanski, 2000）。なぜ、サッカーチームの経営者は、差別的態度をとり続けるのだろうか。おそらく、勝率の低い球団経営者を監視し、淘汰《とうた》するようなシステムが弱いことがその理由であろう[3]。

人々の労働意欲や人種差別といった、観察することが難しい問題であっても、プロスポーツのデータを使うと、明らかにできることが多い。逆に、プロスポーツの制度を設計する上で、経済学の考え方が役に立つ。プロスポーツが、経済学の仮説を検証する「自然の実験室」と呼ばれるゆえんである。

1　プロ野球監督とチームの生産性、選手とチームの生産性について、日本において分析した研究に Ohtake and Ohkusa (1994), Ohkusa and Ohtake (1996) がある。

2　勇上（二〇〇五）は、プロゴルフ・トーナメントにおけるインセンティブ効果を詳細に議論している。

3　同じような分析は、一般企業における男女間の賃金格差についてもあてはまる。男女間賃金格差の原因が、女性蔑視《べっし》の経営者の存在であれば、女性を活用する企業の利益がより大きくなるはずだ。実際、日本におけるいくつかの実証分析は、この女性蔑視仮説と整合的な結果を示している。

Ⅲ　年金未納は若者の逆襲である

経済合理性か非合理性か

●公的年金は「ねずみ講」なのか？
●ワークシェアリングはなぜ広まらないのか？
●成果主義はなぜ失敗するのか？

1　日本的雇用慣行は崩壊したのか？

雇用不安

一九九七年秋の一連の金融破綻《はたん》をきっかけに、日本経済は長い景気後退を経験することになった。この年は、一九九〇年代に入ってから景気対策として行ってきた公共投資を財政構造改革のために大幅に低下させた年でもあり、消費税を増税した年でもあった。

この結果、一九九八年には日本の労働市場は、戦後の五〇年間で初めてという大きな変化を経験することになる。実際、一九九七年秋からの景気後退は、多くの日本人に深刻な雇用不安を感じさせることになった。今まで倒産するはずがないと考えられていた大銀行や大証券会社が破綻していったのである。倒産やリストラ解雇が相次ぐことにより、自分の職がこのまま続かないのではないか、という不安を多くの人がもった。万一の倒産や解雇に備えて、貯蓄水準を引き上げる人が急増し、それが消費の減退を招き、ますますものが売れなくなった。ものが売れなくなったことが、生産の低下を招き、さらなる雇用の減少を招くという、悪循環が発生してしまったのである。

その時の不安感がいかに大きかったかということは、近年の自殺率の急上昇に現れている。一九九八年には、男性の平均寿命が前年より短くなった。その主な原因は、中高年齢男性の自殺率の急上昇である。厳密な因果関係が実証されているわけではないが、倒産や解雇といった大きなストレスが、この中高年齢層の自殺率の急上昇をもたらしたと推測できよう。

日本的雇用慣行をどう定義するか

日本的雇用慣行は、終身雇用、年功賃金、企業別組合であるとされてきた。バブルの頃は、日本的雇用慣行、特に長期的雇用慣行が日本企業の高生産性の源であるとされ、脚光を浴びた。ところが、一九九〇年代以降一〇年以上にわたる不況が続いたことから、日本的雇用慣行そのものの評価も低くなったようにみえる。

その上、近年の高い倒産率、リストラ解雇の存在は、「企業は永遠であり、企業に長期間雇用されることを前提に人生設計を考える」という考え方を、多くの人に見直させることになった。実際、若者の転職率や転職希望率は上昇している。企業が雇用調整の多くを採用抑制によって行ってきたために、若年者の雇用機会が激減し、若者の失業率が上昇した。しかし、同時に若年者の転職希望は、傾向的に上昇を続けている。九〇年代の終わりから二〇〇〇年代のはじめには、大学生の就職先として、外資系企業の人気ランキングが上昇した。これも若者の日本的雇用慣行に対する不信感の高まりを表していたのだろう。

さて、日本的雇用慣行は今後も変化を続けていき、崩壊していくのであろうか。実は、この問題は答えるのが難しい。まず、日本的雇用慣行をどのように定義するのか、ということで答えが変わってしまう。日本企業はすべての社員を終身雇用制度で雇用しているという意見をいう人があったとしたら、それは日本企業を知らない人であろう。

もともと、長期雇用慣行の労働者の比率は、二〇パーセントとか三〇パーセントにすぎないといわれてきた。長期雇用慣行は、日本企業のなかでも、大企業を中心として機能していた。その上、日本企業は、本社従業員の数を少なくしており、子会社や関連企業の従業員、パート労働者、期間工、季節工といった従業員を多く雇用している。これらの労働者は、必ずしも長期雇用ではない。また、多くの女性労働者は勤続年数が短く、出産や結婚を機会に退職することも多かったのである。長期雇用という雇用慣行が成り立つためには、その周りに流動的な労働者層が必要であった。

また、大企業の正社員とはいえ、確実に定年まで雇用が保障されてきたわけではない。多くの実証研究は、日本企業は大企業であっても、赤字が二期続くような経営危機の際には、解雇や希望退職の募集を行ってきたことを明らかにしている。労使紛争や再就職支援といった解雇に関わる費用が大きいために、小さなショックでは解雇といった雇用調整方法を採らず、経営危機が誰の目にも明らかな時期に解雇というかたちの雇用調整を行ってきたのである。

一九九〇年代の不況期に解雇が多数生じたのは、日本企業の行動様式が根本的に変化したというよりも、多くの企業が赤字に陥るほどの経営危機に直面していたことを反映しているという側面が大きい。実際、現厚生労働省の「労働白書」(一九九九)では、同じような赤字ショックであっても、近年になるほど雇用調整を行う可能性がより高くなっていることを明らかにしており、ゆっくりと日本的雇用慣行が変化してきている可能性を示唆している。

団塊の世代の存在

それでも、これが根本的な変化かどうかについて結論を下すのは難しい。なぜなら、構造的な変化といっても、それが団塊の世代の存在といった中期的なショックに対する対応である可能性も否定できないからである。団塊の世代は一九九〇年代末に五〇代に突入しており、企業では管理職の年齢層になった。ところが、企業の平均的な成長率がかつてほどではないため、管理職のポスト数は、管理職適齢期の労働者数の増加ほどは増えなかった。このように、人材の供給と需要のミスマッチが生じたのである。そのミスマッチが、一九九〇年代の不況下で、多くの企業が中高年を中心に解雇を行ってきた理由かもしれない。もしそうであれば、中高年の解雇という日本的雇用慣行の崩壊を象徴するような現象は、その本質的な崩壊ではなく、単に団塊の世代特有の現象であるといえるかもしれない。

このように「日本的雇用慣行」の変化は、さまざまな要因で生じていると考えられる。長期にわたる不況に加えて、情報化を中心とした急激な技術革新の影響は無視できない。しかし、それに加えて、団塊の世代の存在という人口要因の影響も大きいと考えられるのである。

2 年功賃金は「ねずみ講」だったのか?

「ねずみ講型賃金制度」と年功賃金崩壊論

「年功賃金制度」とは、勤続年数が延びるにしたがって賃金も上がっていく制度だと考えられている。団魂の世代が中高年齢化して賃金が高くなると、企業経営が成り立たなくなるため、年功賃金制は見直されなければならないといわれる。

この議論は、もっともらしく聞こえる。しかし、よく考えてみると、この議論にはおかしな点がある。最も重要な点は、労働者の生産性と賃金の関係という視点がこの議論に欠けている点である。つまり、勤続年数が長くなると労働者の生産性が高くなるから賃金も高くなるという可能性を考慮にいれていないのである。このような議論を展開する人たちは、年功賃金制を年金制度と同じように見て、企業のなかで若い人たちが中高年を養っていると考えているようである。つまり、年功賃金を賦課方式の公的年金制度と同じように考えているということである。

賦課方式とは、勤労者が支払う公的年金保険料がそのまま退職者への公的年金給付として支払われるシステムである。ちなみに、これに対して若い人たちの保険料を積み立てて、将来当人たちが高齢者になった時にその積立金から年金が支払われるシステムを積立方式という。

賦課方式の年金制度は、「ねずみ講」に似ている。ねずみ講のように新たな加入者が増えれば増えるほど、元の加入者は得をしていく。新規加入者が永遠に増え続けるなら、ねずみ講によりすべての加入者は、利益を得る。しかし、ねずみ講は、遅かれ早かれ新規加入者の獲得に失敗し、破綻する。ところが、賦課方式の公的年金という特殊なねずみ講は、子孫という新規加入者が無限に続くかぎり破綻しない。

それでも、人口成長率や経済成長率が長期にマイナスになることが予測された場合には、公的年金といえども破綻は免れない。いくら強制であっても、損することがわかっている投資を強制することに、国民の同意は得られるはずがないからである。「世代間の助け合い」が成り立つのは、損をするか得をするかわからない状況で、その不確実性に対処するために保険契約を結ぶ場合である。結果として、ある世代が予想より長生きしたり、貧しくなったりした場合に、そうでない世代から所得移転を受ける。しかし、最初から損をすることが確実な場合に、誰もねずみ講に参加するはずがない。

年金未納は若者の逆襲

二〇〇四年に、公的年金改革論議の過程で政治家の国民年金の未納問題が大きな注目を浴びた。背景には若者を中心とした国民年金の未納問題がある。そもそもなぜ国民年金の未納は「問題」なのか。仮に、年金保険料を納付しないと、その分の年金が受給できないか減額されるだけであれば、他人に迷惑をかけないはずである。また、どうして最近になって国民年金の未納率が上昇してきたのだろう。

国民年金の未納が問題となるのは、国民年金や厚生年金の収益率が若い世代ほど低くなり、若い世代ではマイナスに転じていることに根本的な原因がある。賦課方式という公的年金の財政方式は基本的にはねずみ講であり、ねずみ講は少子高齢化で破綻をきたす。ねずみ講では会員の増加にしたがって新規加入者の獲得が困難になるため、ねずみ講で得をするのは新規加入者が見つけやすかった創設者周辺のみで、後から加入したものほど損失を被る。

それとまったく同じことが、人口減少という新規加入者数の減少のかたちで、日本の公的年金制度すべてに生じている。国民年金では一九七〇年生まれ以前の世代は、年金加入によって得をするが、それより若い世代は損をする（八田・小口、一九九九）。

ねずみ講方式の年金制度では年金受給額が固定されていると、保険料の未納者の増加は、保険料引き上げにつながる。つまり、強制的に保険料を徴収される厚生年金加入者やまじめな国民年金保険料納付者は本来未納者が負担すべき分まで負担させられることになる。だから、国民年金未納が問題なのである。しかし、未納者に対する罰則を強化することは根本的な解決にはならない。

問題の本質は、生まれたタイミングによって公的年金の収益率が大幅に異なるという不合理なねずみ講型の公的年金制度にある。もともと年金は、いわば長生きのリスクに備えるものであり、短命のものから長命のものへの所得移転制度である。その意味では予想外に長生きした世代に公的年金を通じて所得移転が行われることは、ある程度正当化できる。若い頃に予想していた寿命と比べて実際の寿命が急激に伸びた、現在の七〇歳以上の世代への所得移転には合理性がある。しかし、最初から平均寿命を正確に予想できた団塊の世代が、より若い世代から所得移転を受けることは正当化できない。

ねずみ講方式で破綻した公的年金を立て直す方法は、高い収益率で受け取ることになる人々の収益率を引き下げるか、大量の移民を受け入れるしかない。出生率上昇政策は、仮に来年から出生率が上がったとしても、来年生まれた子供たちが保険料負担を始めるのは約二〇年後であり、とても高齢化のピークに間に合わない。大量移民受け入れが困難なら、保険料が低すぎた七〇年生まれ以前の世代の人々に追加的に支払ってもらうか、彼らの年金受給額を引き下げるしか解決方法はない。世代別の保険料を導入するか、現在の受給者を含めた年金受給額を低下させるか、年金所得課税を強化するのである。

いずれにしても、団塊の世代以上の年齢層の人々の既得権を崩さないかぎり、年金改革は不可能である。これは、政治的には難しい。最も人口の多い層の既得権を崩すのである。そういう改革案を出した政党が選挙で痛い目にあうことは確実である。

既得権を崩すことを政治に頼れない若者は、フリーターになって国民年金を未納にすることが、公的年金破綻の時期を早めることをよく理解しているのではないか。国民年金未納は既得権世代に対する若者の逆襲なのである。

年齢構成が若いと人件費は安いか

年功賃金制度を公的年金制度と同じように、「ねずみ講」として考えるのは間違いである。企業の若い人が、中高年の高い給与を支えていることが年功賃金の理由であれば、従業員数が減少している企業で、年功賃金が成り立つことは考えられない。しかし、現実には従業員の減少が続く企業でも年功賃金が存在しているのである。そのような企業では、年功賃金を「ねずみ講」としてとらえることはできない。公的年金制度であれば、全国民は強制加入である。一方、若い労働者は企業を選べるので、年功賃金制度の企業を選ばなければならないという理由はない。国民年金でさえ未加入を選択する若者がいるのだ。若者にとって、損をすることがわかっている企業に入社する必要はないのである。

一九九〇年代から二〇〇〇年代はじめの不況期に、企業年金の解散が増えた。企業年金は確定給付型で、しかも運用利回りに規制があるため、定められた運用利回りより現実の利回りが低くなれば、現役世代から退職世代への所得移転によってその差額をまかなうことになる。まさに、ねずみ講である。企業の盛衰があるなかで、このような仕組みが成り立つはずがない。そのような確定給付型の年金を運営していくためには、より広い範囲で、企業の生存リスクをプールする必要があるのである。企業の盛衰が当然であるのに、企業一社で確定給付型の賦課方式の色彩が濃い企業年金を維持するのは、そもそも不可能である。

もちろん、経済がつねに高い成長率を維持している社会を前提にすれば、ねずみ講型賃金制度として年功賃金を解釈できないこともない。若い時に中高年を支えた分と同じ額を自分が中高年になった時に受け取ることができるからである。しかし、その時点の成長率が何十年も同じように続くかどうか誰も予測できない。過去のさまざまな産業を見ても、高い成長率が長期間続くことはありえなかった。ここ数年間の企業業績の変動を見ても、今の企業の姿がこれからも不変に続くと思っている人は誰もいないであろう。そんななかで、企業の永続的成長を前提とした「ねずみ講型賃金制度」としての年功賃金が存続してきたとはとうてい考えられない。

もし、ねずみ講型賃金制度としての年功賃金を採ってきたために過去の日本企業の人件費が安く抑えられ、高い利潤を生み出すことができ、その結果として株価も高かったとすれば、それは単に株価の評価が正当になされていなかったということである。

年功賃金と似た制度に退職金制度がある。退職金制度においては、会計上も将来支払うべき退職金の一部が退職給与引当金として債務として計上されている。引当金の額は本当に必要な額のほんの一部である。正確には全額を引き当て、それに対応する資産を保有しておく必要がある。もし、一部しか引き当てていないのなら、その企業は、本来その資産を運用して得ることができたはずの利回りを受け取っていないことになる。その受け取ることができなかった利回り分が積立金がない退職金制度による隠れた損失である。

「ねずみ講型年功賃金」も同じである。若い人口構成のもとでねずみ講型年功賃金制度をとっているがゆえに日本企業が外国企業なみの利益を上げてきたのなら、本当の利益はそれより低かったことになる。将来の年功部分の積立不足と失った積立金からの利子収益を実際の利益から差し引いて、企業価値を評価する必要があったのである。これらの費用は表だった人件費としては現れない。しかし、資本市場が正しく機能していれば、このようなねずみ講型年功賃金によって表面上業績がよく見える企業の株価は高くならない。その時点で、成長が永遠に続かないかぎり、将来における人件費の高まりが予測されているからである。

企業の情報公開が正しく行われていて、資本市場が正しく機能しているなら、その時点の年齢構成と真の意味の人件費は無関係なのである。従業員を定年まで雇うことを前提にしていれば、その従業員を採用した時点で生涯にわたる人件費はある程度予想できる。その人件費を給与や退職金としてどのように支払うかということはその時点、その時点の企業利益に影響を与えるであろう。しかし、株価はその時点の企業利益だけでなく将来の企業利益も反映して決定されるので、株価とその時点の年齢構成は無関係なのである。年齢構成が若いがゆえに見かけ上人件費を低くすることができ、そのおかげでかつて高い利益を達成していたとしても、その時点で株価は低かったはずである。

国際会計基準

従業員の平均的離職率がわかれば、その従業員を採用した時点で生涯にわたる人件費はある程度予想できる。企業年金・退職金については制度をもとに、すでに確定的になった部分について、その債務を計算することもできる。ところが、実際には年金債務に関する情報が広く公表されていなかった。これには、退職金や企業年金の受給権が在職中に確定せず、退職時になってはじめて確定するという日本の制度が大きな影響を与えている。

ここでいう受給権とは、企業年金や退職金について個々の制度規定に基づいて算出された給付額を受け取る権利のことだ。アメリカのエリサ法（従業員退職所得保障法）においては、年金制度の加入者に対して受給権を早期に確定的に付与することが義務づけられている。エリサ法では、いったん付与された受給権は、労働者が早期に退職したり、不正行為を理由に解雇された場合でも使用者が没収することは許されていない。これに対して、日本では、企業年金・退職金とも受給権は退職時に成立するものと解釈されている。そのため、懲戒解雇にともなう退職金・企業年金の減額・不支給も可能になっている。

退職金・企業年金の受給権が退職時に付与されるという日本の制度のもとでは、労働者が勤続している間は潜在的に労働者が受け取る可能性がある退職給付について、必ずしも労働者に対する使用者の法的な債務負担を意味しない。しかし、原則として二〇〇〇年度から導入されている国際会計基準のもとでは、退職金・企業年金を包括的に、発生主義によってとらえることになった。すなわち、退職金・企業年金は、勤務期間を通じた労働の提供にともなって発生するものととらえ、その発生した期間に費用として認識し、それを実際に支払うまでの間は債務となるのである。これが企業年金債務である。もちろん、企業会計上の退職金・年金債務と、退職金・企業年金の受給権とは異なる。しかし、今まで「隠れ負債」であった退職給付が、企業の財務諸表上明示されることの影響は大きい。

企業年金の未積立債務の存在は、企業年金や退職金が「ねずみ講」によって運営されていたことの証でもある。同じように年功賃金が「ねずみ講」型のものであった可能性も高い。しかし、年功賃金は「ねずみ講」でないと成り立たないと考えるのも間違いである。

3　年功賃金と成果主義

年功賃金を経済学で説明すると

年功賃金制度は、日本特有のものであると考えられることが多い。しかし、一九九〇年代末に成果主義的な賃金制度の導入が進んだり、春闘においてベースアップや定昇が抑えられてきたりして、徐々に年功的な賃金制度が薄れてきている。一方で、日本独特のものであると考えられてきた年功的な賃金制度は、ホワイトカラーにおいては世界共通に見られることがさまざまな研究で明らかにされてきた。

四つの仮説

では、なぜ年功的な賃金制度は存在してきたのであろうか。経済学的な説明として、つぎの四つの代表的な考え方がある。第一は人的資本理論で、勤続年数とともに技能が上がっていくため、それに応じて賃金も上がっていくというものである。第二は、インセンティブ理論で、若い時は生産性以下、年をとると生産性以上の賃金制度のもとで、労働者がまじめに働かなかった場合には解雇するという仕組みにして、労働者の規律を高めるという理論である。年功賃金が一種の供託金として機能している。第三は、適職探し理論である。企業のなかで従業員は、自分の生産性を発揮できるような職を見つけていくのであり、その過程で生産性が上がっていくと考えられている。第四は、生計費理論で、生活費が年とともに上がっていくので、それに応じて賃金を支払うというものである。これらの仮説について、説明してみよう。

人的資本理論

まず第一は、勤続を重ねると技能が上がっていくという人的資本理論の考え方である。人は高校や大学を出た時とまったく同じ技能レベルにとどまるのではなくて、毎年毎年いろいろな経験を積んで、技能が上がっていく。人々の生産性が上がっていくということであるから、賃金が上がっていくのは当然である。もしそうであれば、中高年が増えるということは、より高い技能をもった人が増えるということを意味するので、生産性が増加することになり、年功賃金は問題なく維持できるはずである。

インセンティブ理論　年功賃金の説明方法の二つ目は、「インセンティブ理論」といわれるものである。労働者がまじめに働いているかどうかをつねに監視し続けるのはコストがかかって難しいので、「まじめに働きます」と誓約書に書かせる代わりに、若い時の働きの成果の一部分を供託金として、その企業に捧《ささ》げさせる。そして、長期間まじめに働いた場合には、企業はそれを返却するというシステム、それが年功賃金システムだと考えられる。退職金制度もこれと同じように考えることができる。途中で、さぼっていることが発覚して解雇された場合には、供託金としての将来の年功賃金の部分を失うことになる。

選挙における供託金制度は、売名行為ではなく真剣に当選を考えている立候補者だけに立候補させて、まじめに選挙運動をさせる制度である。それと同様、年功賃金は長期間真剣に働こうと思っている労働者に入社してもらって、まじめに働いてもらう制度なのである。

年功賃金は、さぼることで失ってしまう金額が大きくなるので、結局、年功賃金のもとでは誰もがまじめに働くことになる。つまり、年功賃金制度は積立方式の年金制度にまじめに働いたという受給要件をつけたのと同じだということになる。

図Ⅲ-1に、このモデルの考え方を示している。縦軸には賃金と生産性を、横軸には勤続年数をとっている。勤続年数が短いときには生産性のほうが賃金より高いが、勤続年数が長くなると逆に賃金のほうが生産性より高くなっている。年功賃金をこのように考えるのが、インセンティブ理論である。ここで、生涯の賃金合計と生涯の生産性合計は等しい。この理論による説明で明らかなことは、企業は定年を必要とするということである。なぜなら、年功賃金による中高年労働者は、生産性よりも高い賃金をもらっているため、この企業をやめる動機がない。したがって、あらかじめ決められた定年でこの企業から退出することを決めておかないと、生涯の生産性と賃金の収支が合わなくなってしまう。

仮に、この制度のもとで中高年が増えたらどうなるだろうか。実は何も問題は生じない。中高年社員は若い時に企業に供託金として預けていた部分を返してもらって、年功賃金として受け取るだけだからである。したがって、その意味では中高年世代は肩身の狭い思いをする必要はない。若い時に我慢した分を返してもらっているだけだからだ。人件費削減のために中高年をリストラするとなれば、債務不履行だということになる。問題なのは、正しく供託金の運用を行ってこなかった企業だということになる。

図Ⅲ－1

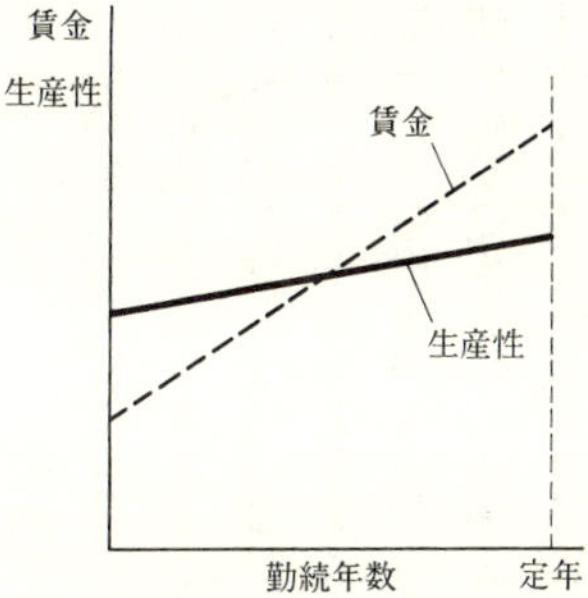

ただし、このモデルが成り立つためには三つの条件が必要である。第一に、企業が倒産しないことが必要である。第二に、企業側が年功賃金の約束を破らないということが必要である。企業には賃金のほうが生産性よりも高い中高年労働者

を解雇する動機がつねにあり、当初の約束を破って年功賃金を支払わないというモラルハザードが発生する可能性がある。第一の条件と第二の条件には、密接な関係がある。将来、倒産する可能性が高くなると、企業にとって新規に労働者を採用する必要がないので、労働市場での評判を気にする必要性が小さくなってくる。すると、企業は当初の約束を破るというモラルハザードが生じやすくなるのである。

第三に、労働者が生産性よりも高い賃金を受け取る段階になって、労働者の技能に予想外の陳腐化が発生していないということも年功賃金の成立の前提として重要である。供託金としての年功賃金が機能するためには、生涯の生産性と生涯の受け取り賃金が等しくなる必要がある。インセンティブ仮説では、労働者を採用した段階で予想されていた労働者の生涯の生産性のプロファイルをもとに、それよりも急勾配《こうばい》の年功賃金が設定されている、と考える。しかし、途中で予想外の技術革新が起きて、労働者の技能が陳腐化してしまうと、供託金制度としての年功賃金を設計した段階で予想されていた労働者の生産性が発揮できなくなるので、当初想定されていた年功賃金は本当の意味で高すぎるということになり、賃金の見直しが必要となる。ただし、本当に技能の陳腐化の範囲が当初の想定の範囲に入るのか否か、を判定するのは非常に難しい。

適職探し理論

年功賃金を説明する方法の三つ目は、人は勤務を経るにしたがって、だんだん自分に適した職を見つけていくという考え方である。企業内にはいろいろな職種があり、さまざまな職種を経験していくうちに、自分が最も生産性を発揮しやすい職に移っていく。そうすると、生産性の上昇にしたがって賃金も上がっていく。労働者の潜在的能力は変わらなくても、適職を見つけることができれば、その労働は高い生産性を発揮できるのである。

さて、適職仮説が年功賃金の本当の理由だったとしよう。この場合に、従業員の年齢構成が高齢化すると、年功賃金をやめるべきだろうか。そんなことはない。従業員の年齢構成が高齢化したからといって、個々の労働者の生産性が下がっているわけではない。したがって、適職探しが年功賃金の理由なのであれば、年功賃金制と従業員の年齢構成とは基本的には関係ないということになる。

生計費理論

生計費理論は、労働者の必要な生計費のパターンに合わせて、賃金を支払うと考えるものである。入社間もない若い単身の頃には、それほど多くの生計費はかからない。しかし、結婚して子供ができると、子供の養育費や教育費がかさんでくる。住居も広いものが必要になる。このような将来の生活費の上昇に備えるために、生活費があまりかからない若い頃に、労働者は十分に貯蓄することが必要だ。しかし、高度成長期には、金融商品は充実していなかったため、銀行に預金しても金利が低かった。一方、企業ならより有利な金融商品にアクセスできたり、有利な投資機会をもっていたかもしれない。もし、そうなら労働者は、若い頃の生産性の一部を企業に貯蓄して、必要な生活費のパターンに応じて支払ってもらうという年功賃金制度を好んでもおかしくない。つまり、生計費仮説は、労働者にとって不十分な金融市場のもとで、生涯の生活費を支払うのに最も有利な金融商品の一形態として年功賃金が機能していたと考えるのである。

生計費理論が年功賃金の理由であったとすれば、従業員の年齢構成の変化は、年功賃金の崩壊につながるだろうか。答えは、「否」である。生計費理論においては、年功賃金は貯蓄の一形態なのであるから、企業は労働者に代わって賃金の一部を貯蓄していただけである。従業員の年齢構成が高齢化しても、その分、従業員から「預かった賃金」による貯蓄が多いはずなのだ。

年功賃金の崩壊?

ねずみ講型賃金制度が民間企業で成り立っていたと考えることに無理があり、年功賃金の経済学的説明からも、高齢化と年功賃金崩壊説は無関係だということを説明した。要するに、中高年が増えたから、団塊の世代が中高年齢化したから、年功賃金制はつぶれてしまうという議論は必ずしも成り立たない。

労働者は勤続年数が長くなると技能を蓄積する。労働者がまじめに働いているかどうかを監視するコストは大きい。労働者の能力を短期間で見分けることも難しい。生計費に応じた賃金パターンを支払うのが好まれるのも自然である。つまり、年功賃金制には合理性がある。そういう意味では、この制度がなくなることはないといえる。にもかかわらず、なぜ年功賃金制が崩壊しているように見えるのだろうか。

技術革新と技能の陳腐化

まず考えられることは、技能そのものが陳腐化してしまう可能性があるということである。技術革新が非常に目まぐるしく起こっている場合に、その可能性は大きくなる。たとえば、長期勤務してコツコツと積み上げてきた経験が、コンピュータを中心とした技術革新によってまったく役に立たなくなる場合のように、長い間積み上げてきた経験や技能が十分に発揮できなくなってしまうことは日常的に起こっている。

技能に応じた賃金を支払うシステムであれば、技能が低下してしまえば賃金は上がらなくなってしまう。その段階ではたしかに年功賃金制が崩壊したように見える。しかし、新しい技術を導入した企業は、新しく入社する人を年功賃金で雇うはずだ。その意味で、年功賃金の崩壊が一時的に生じることは、起こりうる。

もっとも、このような技術革新がつねに生じているのであれば、企業と労働者はそのリスクにあらかじめ備えておき、そのための暗黙的な保険制度を賃金制度に組み込んでいてもおかしくない。つまり、技術革新によって技能が陳腐化した場合のリスクに備えて、若い頃の賃金をその保険料金分だけ少なくしておき、万一技術革新が生じても、解雇や賃金低下を受け入れなくてもいいようにするのである。

インセンティブモデルと業績給

年功賃金や退職金は供託金制度として理解できると指摘した。ここにこのシステムの問題点が内包されていることも指摘しておくべきであろう。つまり、定年間近になって供託金をすでにほとんど返してもらった人は、働く意欲(インセンティブ)が大きく低下してしまうということである。定年間近の人たちにやる気をもたせるシステムを導入しないと、この人たちのやる気は出ない。中高年がやる気がないと、若い人たちにも悪い影響を与える。

そういう人たちについては、業績によって賃金を変えるというシステムを付加することで、このような年功賃金システムの弱点を補強することができる。最近、管理職層に対して業績主義あるいは能力主義的な人事制度をとったり、年俸制を導入する企業が増えている。それは年功賃金制が崩れている証拠ではなくて、むしろ年功賃金制がもつ中高年労働者への意欲低下効果を補うためのシステムだということである。また、管理職は、一般従業員に比べると、業績を客観的に把握しやすいのも利点である。

完全な能力主義や年俸制システムを新入社員に導入しようという企業は、業績を測ることが簡単な職種を除くと、今のところ多くはない。したがって、管理職になるまでの労働者については、年功賃金システムは望ましいシステムであり、これからも残っていく可能性が高い。激しい技術革新に直面した場合や企業の成長率が予想より低下した場合には、予想されていた年功賃金が支払えない事態が発生し、一時的に年功賃金が崩壊したように見える事態が発生する可能性はある。だからといって、年功賃金制度がすべて否定されるわけではない。

団塊の世代と賃金

年功賃金の崩壊という現象が、高齢化というよりも団塊の世代という人口構造の歪みのせいで、顕在化している可能性もある。いわゆる年功賃金の崩壊やリストラの影響は、団塊の世代に典型的に現れている。

他の世代よりも人口が多いという特徴をもつ団塊の世代は、労働市場でどのような影響を受けてきたのだろうか。団塊の世代が新入社員だった時のことを考えてみよう。仮に、ベテラン社員と新入社員の仕事は違うものだとする。初任給は、未熟練労働者の賃金率と考えられる。団塊の世代が、学校を卒業して労働市場に入ってきたとすると、未熟練労働者の数はそれ以前の年に比べて増えるので、団塊の世代の賃金は低下する。つまり、新入社員とベテラン社員ができる仕事が異なっていれば、団塊の世代が新入社員として入ってきた影響は、彼らの世代の初任給を低下させるだけになり、他の世代の賃金には影響を与えない。

逆に、新入社員の仕事とベテラン社員の仕事がまったく同じで熟練・未熟練の差がないとしよう。団塊の世代が企業に入ってくることの影響は、労働者の総数を増やすことを意味する。団塊の世代の入社により同じ仕事をする労働者の数が増えるため、全社員の賃金が低下することになる。

この議論は、初任給の問題だけではなく、管理職の給与についてもあてはまる。管理職の全従業員に対する比率が一定で、管理職が勤続年数の長い労働者から選ばれるとする。すると、団塊の世代の労働者が中高年化してきて管理職適齢になると、管理職の供給は増えるが、需要は増えないので、管理職の給与は低下することになる。団塊の世代の管理職給与は、他の世代の給与よりも低くなる。

つまり、年齢によってする仕事がある程度決まってくる社会では、団塊の世代の存在のような年齢構成の変化があると、人口が多い世代はその世代のみ、賃金低下の影響を受けてしまう傾向がある。

アメリカで学歴間賃金格差が拡大した理由に、高学歴者に対する需要が急速に高まったことがあげられている。日本でもたしかに、若年層の高学歴者の賃金が相対的に上昇したことはこれと対応している。しかし、中高年齢層については、もともと人口が相対的に多い世代で高学歴化が急速に進んだために、高学歴者に対する需要増以上に供給増の効果が大きかったといえる。

もちろん、現在の中高年の雇用不安や賃金伸び悩みの原因は、単に供給が多いという理由以外にも考えられる。まず、急激な技術革新により、それまで培《つちか》った技術が急速に陳腐化してしまった可能性がある。次に、上司一人あたりの部下の人数が少ないほど教育訓練の度合いが高いとすれば、団塊の世代の人的資本は他の世代よりも低いことになる。さらに、高学歴化は単に質の低い大卒をより多く生み出しただけの可能性がある。もしそうなら、高学歴化の進展は学歴間賃金格差を低めることを意味し、その傾向は今後も続くことになる。

雇用システムの多様化

日本的雇用制度が崩壊するようにいわれることが多い。すべての職種や産業で、終身雇用や年功賃金制度をとることが最適でないことは明らかであろう。長期間の技能形成が必要な部門、個々の労働者の能力を時間をかけて審査する必要がある部門では「長期雇用」は不可欠であろう。労働者の働きぶりを不完全にしか監督できない部門では、年功賃金は有力なインセンティブシステムとして機能する。ただし、年功賃金が成立するためには、企業の倒産確率が低いということも重要な条件である。このような条件を満たさない経済部門は、少なくない。もともと、典型的な日本的雇用制度のもとで雇用されていた日本人は、それほど多いわけではない。大企業を中心として「日本的雇用制度」が発展してきたことはよく知られている。また、年功賃金制度の経済学的なメリットのうち、成長を前提とした「ねずみ講型賃金制度」の特徴を利用してきた企業もあったと考えられる。

技術革新の進展、労働者の高年齢化、規制緩和、倒産の頻発といった環境変化によって、従来の日本的雇用をそのまま維持することができない企業が出てきていることは確かである。しかし、「日本的雇用制度」が依然として有効な企業や労働者のタイプが存在することも確かであろう。今後、日本の雇用制度は、企業内での一律的な雇用制度から、労働者のタイプや仕事のタイプに応じてさまざまな雇用制度を組み合わせていく方向に変わっていく動きがますます進んでいくと考えられる。

成果主義

新たな賃金制度の一つが、一九九〇年代末から導入が進んできた成果主義的な賃金制度である。ただし、日本企業が市場主義的な度合いを高めたことが、成果主義でなかった賃金制度を成果主義的賃金制度に変えてきた理由だと考えるのは明らかに間違いである。むしろ、長期的な雇用期間全体にわたる成果主義的な賃金制度や昇進制度を用いた成果主義的な賃金制度から、より短期的な成果主義的賃金制度への変更という理解が正しい。長期的な成果主義には数多くのメリットがあったことも事実である。査定の公平性や信頼性を高めたり、賃金が右上がりになっていくことで労働意欲が高まったり、労働者の満足度が上がったり、企業特殊技能で生産性を高めたりする。しかし、これらのメリットは、企業の倒産可能性が高まったり、成果と昇進の関係があいまいになると、まったく機能しなくなる。倒産可能性の高まり、成果と昇進の関係の不明確化が原因で、新たなインセンティブ制度として、各時点の市場価値により近い賃金を支払うという成果主義的賃金制度が導入されてきたのである。

もっとも、単に成果主義的賃金制度を導入しただけでは、労働者の意欲は必ずしも向上しない。成果主義の導入が労働意欲を高めるためには、同時に能力開発の機会が増えることが必要である。成果だけが求められても、成果を出すために能力を高める機会が増えなければ、労働者はやる気を失ってしまう。ところが、リストラの一環として成果主義が導入されたケースでは、能力開発のための訓練機会を増やすのは難しい。実際、慶応大学の太田聰一教授と筆者の共同研究によれば、職場人数が減少しているような場合には、従業員一人あたりの仕事量も増えることが多く、職場での訓練機会が低下する傾向があり、訓練機会の減少は、従業員の労働意欲を低下させてしまうことを実証的に明らかにしている（太田・大竹、二〇〇二）。

成果を求めるためには、従業員の生産性を高めるための訓練機会を豊富にしたり、自己啓発による訓練を望む従業員の希望を認めたりすることが必要となっている。従業員の市場価値を高める努力を妨げないことが、市場価値に応じた賃金制度で従業員の努力を引き出すためには不可欠なのである。

1 衆院選の場合、小選挙区の立候補者の供託金の額は三〇〇万円で、比例代表に候補者を出す政党は名簿登載者一人につき六〇〇万円となっている（二〇〇五年時点）。供託金は、一定の票数を獲得すれば返還されるが、衆院小選挙区選の場合、有効投票総数の一〇分の一に達しないと没収され、重複立候補者の比例代表選での復活当選も認められない。

4　年功賃金はなぜ好まれる？

年功賃金の四つの理由

「年功賃金と成果主義」で、年功賃金が経済合理的に説明できる四つの理由を紹介した。ここでは、もう一つの理由を考えてみよう。

まず、すでに説明した四つの理由を復習しよう。第一は人的資本理論で、勤続年数とともに技能が上がっていくため、それに応じて賃金も上がっていくというものである。第二は、インセンティブ理論で、若い時は生産性以下、年をとると生産性以上の賃金制度のもとで、労働者がまじめに働かなかった場合に解雇するという仕組みにして、労働者の規律を高めるという理論である。年功賃金が一種の供託金として機能している。第三は、適職探しの理論で、労働者が企業のなかで適職を見つけていくために勤続年数とともに労働者の生産性が高まっていくことを反映して、賃金も高まるという考え方である。第四は、生計費理論で、生活費が年とともに上がっていくので、それに応じて賃金を支払うというものである。

四つの理論の問題点

どの理論もそれぞれもっともな議論であるが、どの理論にも問題点がある。人的資本理論は、技能が勤続年数とともに必ずしも上昇しない職場でも年功賃金が成り立っていることを説明できない。実際、技術革新が急激な職場では、ベテラン労働者の技能が陳腐化して若い人の生産性のほうが高いという場合も多い。それにもかかわらず多くの職場では実際に賃金が低下していくということはあまりない。

インセンティブ理論は、懲戒解雇のような極端なケースには成り立つと考えられるものの、そのような極端な場合を除くと、そもそも解雇が困難な日本の大企業でどこまでこの理論が妥当するのか難しい。

適職探しの理論は、職種がそれほど多くない企業であっても年功的な賃金制度が存在することを説明できない。

生計費理論は、賃金のプロファイルと生活費のパターンが必ずしも一対一に対応していないことを説明できない。また、なぜ、特定の生計費のパターンが選ばれるのかということを説明できていない。そもそも家族形態が多様化しているなかで特定の生計費に合わせた賃金構造をつくることは難しい。さらに、金融の自由化が進んだ現在では、早めに賃金をもらい貯蓄して必要な生活費に合わせて支出することが可能になっているので、貯蓄を企業に委託することのメリットが小さくなっている。

贅沢に慣れると戻れない

年功賃金を説明するために、最近唱えられている理論に、人々は賃金（生活水準）が上がっていくことを喜ぶのではないか、というものがある。この議論の背景としては、二つの考え方がある。単純に、「人々は賃金の増加を喜ぶ」という考え方が一つである。もう一つの考え方は、経済合理的な考え方で、人々は生活習慣に慣れてしまうとそれが当たり前になってしまって、その後生活水準を下げることがつらいことを知っているから、生活水準を徐々に上げていくことを選んでいるというものである。これは、習慣形成理論と呼ばれている。

今、総額で同じ消費を行う場合を考えよう。最初に贅沢《ぜいたく》な消費生活に慣れてしまってから徐々に生活レベルを落としていくよりは、最初は慎ましい生活をして徐々に生活水準を上げていくほうがいいと、多くの人は考えるのではないだろうか。

賃金プロファイルに関するアンケート調査

二〇〇二年に筆者は賃金プロファイルに関するつぎのようなアンケート調査を行った。五年間で総額一五〇〇万円の賃金をもらうときに、どのようなもらい方を選ぶのかをつぎの四つのグラフ（図Ⅲ-2）から選んでもらったのである（「くらしと社会に関するアンケート」二〇〇二年二月）。

アンケートの対象は、全国の二〇歳から六五歳の男女六〇〇〇人で、一九二八人から回答を得た。回答者がどのグラフを選んだかをつぎの図Ⅲ-3で示した。過半数の人が総額は一定なのにもかかわらず年功賃金を選んでいる。

年功賃金を好む理由

それでは、なぜ回答者はそれぞれの賃金プロファイルを選んだのであろうか。選んだ理由について聞いた結果が図Ⅲ-4（一六二ページ）である。

最も多くの人が同意しているのは、「必要な生活費の変化に合わせたい」、というものである。これは、生計費仮説と整合的である。しかし、同時に過半数の人は「生活水準を年々上げていくことは楽しみ」、「年々収入が減少すると仕事への意欲が維持できない」という理由をあげている。そうすると、生活水準を上げていくことが楽しみで、そういう生活費の変化

図Ⅲ－2　賃金プロファイルの選択肢

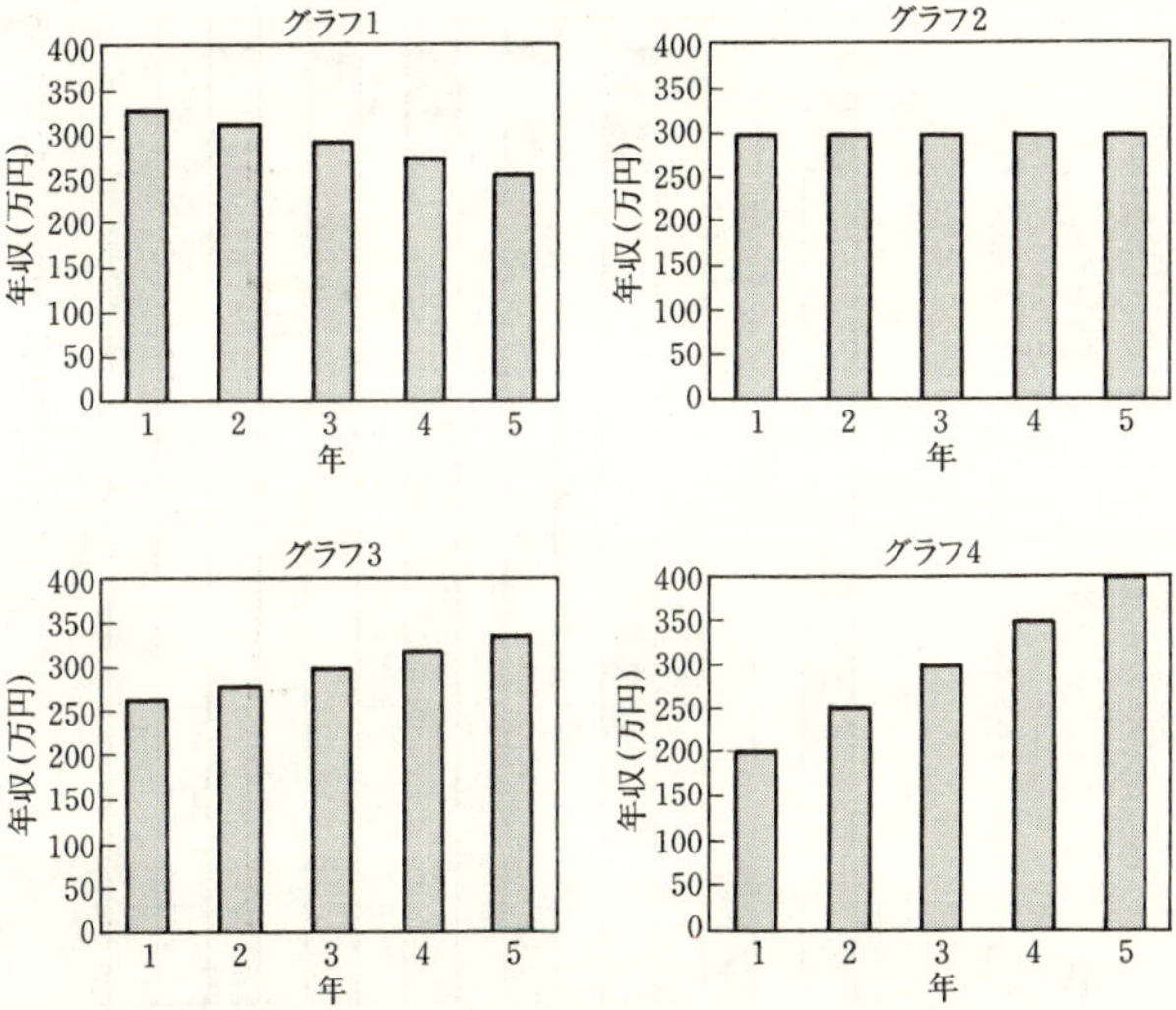

図Ⅲ－3　賃金プロファイルの選択の分布

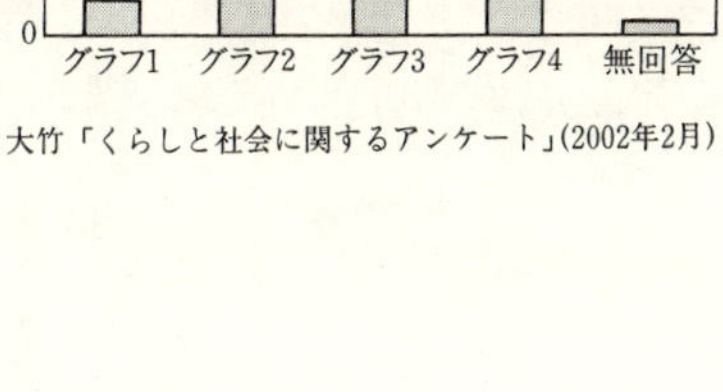

大竹「くらしと社会に関するアンケート」(2002年2月)より作成

図Ⅲ－4　賃金プロファイルの選択理由

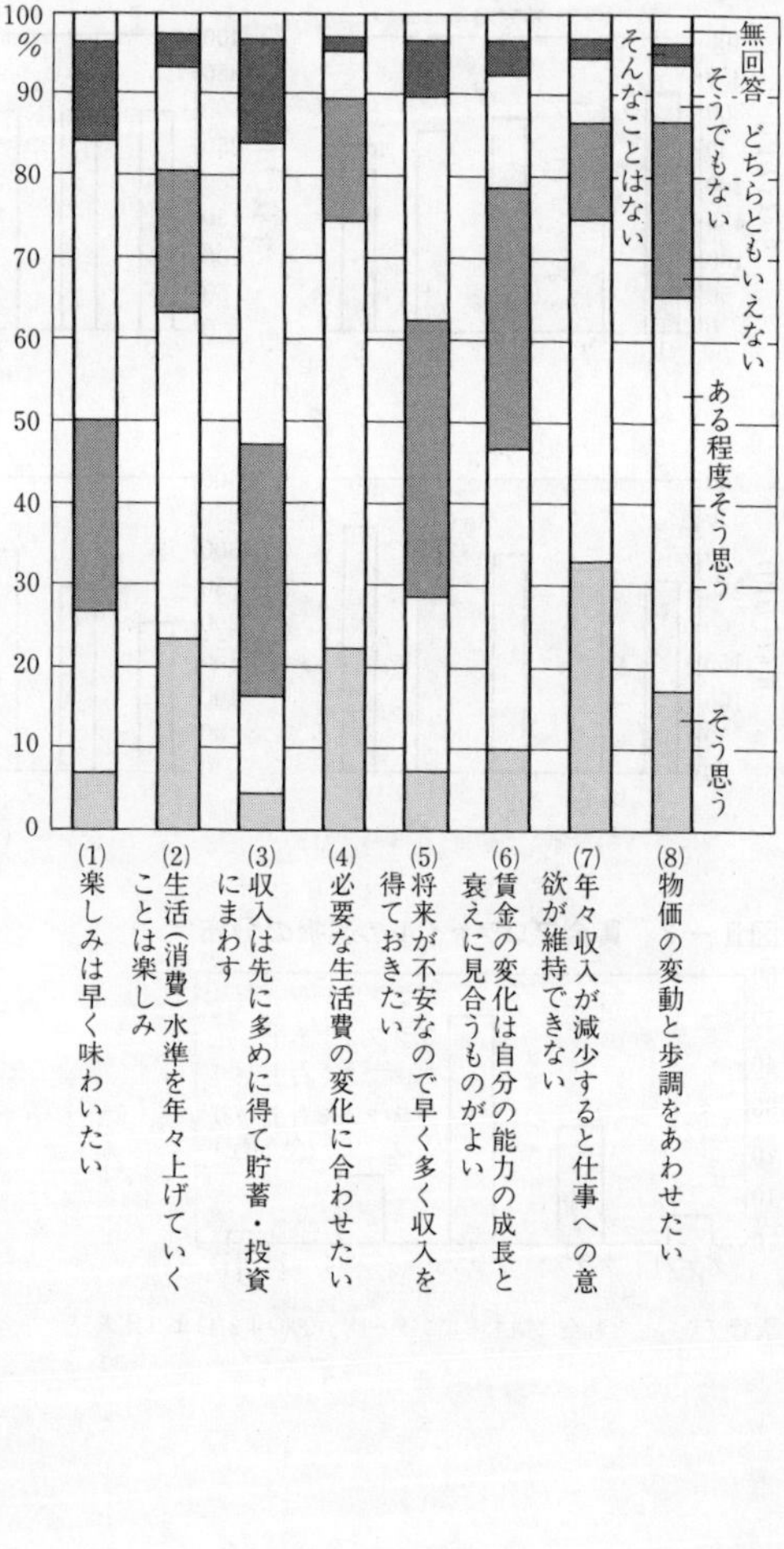

のパターンを選びたいから、年功賃金を選んでいるという解釈も可能である。また、賃金総額が変わらないということがわかっていても、賃金が毎年上がっていくほうが、仕事への意欲をもたらすというのも興味深い結果である。

賃金総額が一定でも、年功型の賃金にするほうが、人々の満足度が高い。つまり、年功型でない賃金制度に比べて、年功型賃金であれば、賃金総額を引き下げても、人々の満足度は変わらないのである。単純に年功賃金制度を廃止すると労働意欲の低下を招いてしまう。賃金制度の設計には、人々の心理学的な特性や習慣形成効果を考慮することが必要であり、賃金引き下げの難しさもこういうところに原因がありそうである。

物価の下落と不況が続いているなかで、賃金引き上げを行うことができない状況が長引くと、人々の勤労意欲が低下し、生活の満足度も低下してしまう。低い賃金からスタートして徐々に賃金が上がり、生活水準を引き上げていくことができるという希望をもつことができるような賃金改革が必要なのかもしれない。

5　賃金カットか人員整理か？

緊急対応型賃金カット

一九九〇年代末の不況期に、失業対策としてワークシェアリングが注目された。実際、緊急対応型のワークシェアリングには政府から補助があった。具体的には、雇用の維持、確保のための「緊急対応型」ワークシェアリングの実施企業には、「緊急雇用創出特別基金」から、従業員三〇〇人以下規模で三〇万円、三〇一人以上で一〇〇万円の助成金が支給された。

日野自動車では、一九九八年六月から一〇ヵ月間、間接部門の五五歳以上の従業員を対象に、一日の労働時間を一時間減らし、賃金を一割カットする代わりに人員整理をしないというワークシェアリングを導入した。二〇〇二年に、三洋電機は労働時間の最大六〇日短縮と最大二〇パーセントの賃金カットというワークシェアリングを余剰人員のある部門で導入した。神戸製鋼所では賃金五パーセントカット、住友金属工業では年収五～一〇パーセントカットという緊急対応型のワークシェアリングが行われてきた。しかし、ワークシェアリングが日本企業に広く導入されたわけではない。

企業の経営状況が悪化した際に、緊急対応的に賃金を引き下げることで、解雇者を出さないというタイプのワークシェアリングについて、企業、従業員の双方からメリット・デメリットを考えてみよう。

賃金カットのメリット

緊急避難的な一律賃金カットは、企業にとっては、解雇による従業員の技能の喪失を防ぐというメリットをもっている。解雇してしまうと将来、製品需要が回復した際に高い技能をもった従業員の人手不足に直面し、製品需要の回復を十分に業績回復につなげることができなくなってしまう。また、従業員にとっても、解雇は将来に関する大きな不確実性を意味し、不安材料になる。つまり、従業員にとっては、賃金がゼロになるか、現状の賃金を維持できるかという一種のギャンブルである解雇に直面するよりは、確実に雇用は保障されるけれども賃金が低下するという一律賃金カットのほうが安心である。

一律賃金カットのデメリット

しかし、一律賃金カットにも欠点がある。

第一に、一律賃金カットを受けた従業員のなかには、他の企業において現在の賃金水準とほぼ同じ代替的な雇用機会に恵まれるものも存在する。そうした従業員にとって一律賃金カットは離職を促すもとになり、優秀な従業員だけが転出してしまうということになりかねない。

第二に、賃金カットによって生活水準を確実に下げなければならないという事態よりは、現状維持を保てる可能性に賭《か》けてみるという従業員もいるかもしれない。これは、二〇〇二年のノーベル経済学賞を受賞したカーネマン教授と故トバスキー教授が発展させた行動経済学と呼ばれる経済学の分野で重視されている損失回避という考え方である。

損失回避とは、一定額の得をすることによる満足度の増え方よりも、同額の損をすることによる満足度の低下のほうが非常に大きいことをいう（図Ⅲ-5）。図の横軸には、損失と利得が表されている。原点から右側に行けば利得が、左側に行けば損失が増える。そのときの満足度が縦軸で表されている。原点から右に行く時の満足度の増え方は、左に行った時の満足の減り方よりも小さい。損失回避の選好のもとでは、確実に少額の損をする場合と大幅な損をする可能性があるが、現状維持の可能性がある場合では、後者のように現状維持の可能性が少しでもあるほうを選んでしまうということが説明できる。

この考え方により、人々はなかなか損切りができなくて、株や住宅が購入価格以下に低下した場合でも売りたがらないという現象を説明できるとされている。賃金についても同じことがいえるかもしれない。

第三に、解雇が生産性の低い従業員から行われるということを多くの従業員が前提にしていると、自分の生産性が高いと考えている従業員は、確実に賃金が下がる賃金カットよりも少数の従業員だけが犠牲になる解雇政策を支持する。解雇の順位が明確になっていて、解雇者数が過半数を超えない状況だと、労働組合は政治的には多数決によって解雇政策を選ぶことになる。

図Ⅲ－5

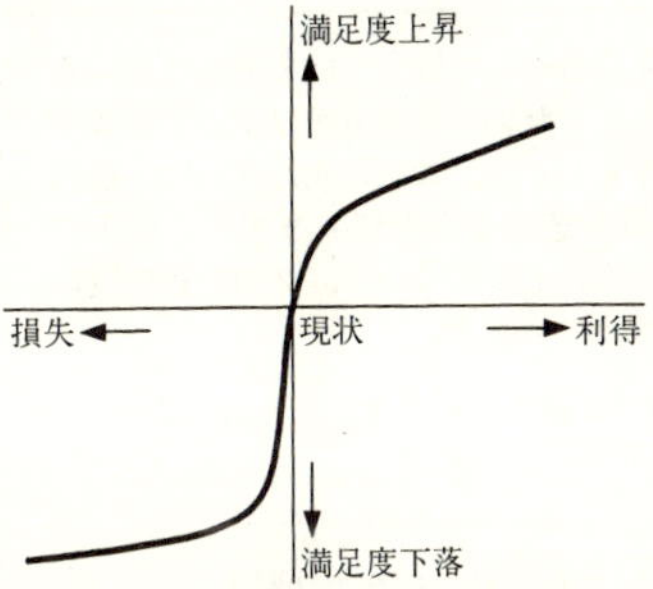

第四に、同率の賃金カットと解雇は、企業にとって同じだけの人件費削減政策にならない可能性がある。従業員を雇うことによって発生する賃金以外の固定費用が大きいと、人員整理に比べて賃金カットそのものはあまり大きな人件費の削減につながらないことになる。

第五に、人々は賃金が下げられること、そのものを嫌う可能性がある。人々が賃金を自分の能力に対する評価だと考え

表Ⅲ－1　緊急対応型ワークシェアリングに関する質問

仮に、今あなたがある企業で従業員として働いているとします。そしてその企業の経営状態が悪化したため、経営者が以下のような2種類の対応策を考えているものとします。このときあなたは、経営者が2つのうちどちらの対応策を選ぶことを望みますか。以下のA)、B)、C）3つのケースのそれぞれについて、2つの選択肢から1つ選び、その番号に○をつけてください。
ケースA）1　2年間にわたる全社員の賃金の5％カット 2　解雇による5％の人員削減
ケースB）1　2年間にわたる全社員の賃金の10％カット 2　解雇による10％の人員削減
ケースC）1　2年間にわたる全社員の賃金の30％カット 2　解雇による30％の人員削減

ていれば、賃金が引き下げられると、あたかも自分の能力が低く評価されたと受け止め、労働意欲をなくしてしまう可能性がある。もっとも、個別の賃金引き下げではなく、全従業員一律の賃金カットであれば、この問題は比較的小さくなると考えられる。

アンケート調査

それでは、実際人々は、緊急避難的な賃金カットに対してどの程度賛成するのであろう。筆者は、二〇〇二年二月に全国の二〇歳以上六五歳以下の男女六〇〇〇人に対し、ワークシェアリングに関するアンケートを郵送法で行った（回収率三二パーセント）。そのアンケートでは表Ⅲ－1に示した質問について回答を得た。

この質問への回答結果は、図Ⅲ－6に示した。

賃金カットあるいは解雇率が一〇パーセントまでの場合は、八〇パーセント以上の人が、二年にわたる賃金カットに賛成している。しかし、賃金カット三〇パーセントと解雇率三〇パーセントという選択になると、賃金カットを選ぶ人の比率は、約六〇パーセントに低下する。大幅な賃金カットならば、人員整理を選ぶ人たちも多くなってくる。

この解釈には、さまざまな可能性がある。第一に、大幅な賃金カットであれば、生活水準が維持できないので、人員整理に賛成する人たちが増えてくるという考え方である。第二に、賃金をカットされるくらいなら他の企業でより高い賃金を得られると思っている人たちが、賃金カット率が高くなるにしたがって増えてくるというものであろう。

図Ⅲ－6　賃金カットか雇用削減か

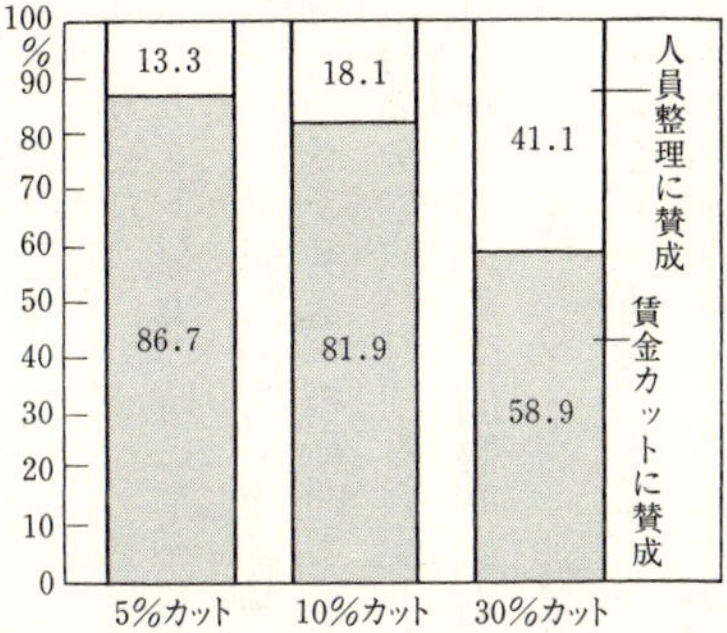

大竹『日本の不平等』(2005)より作成

誰がワークシェアリングを望むのか

それでは、どういう人たちが人員削減よりも賃金カットを選んでいるのであろうか。経済学的に考えると、人員削減の対象になるかもしれないという危険の大きさと、人々の間の危険に対する態度の差が大きな影響を与える。

このような危険に対する態度を調べるのは意外に難し

い。そこで、アンケートにおいて、「あなたは普段お出かけになる時、天気予報の降水確率が何パーセント以上の時に傘をもって出かけますか」という質問を行い、その降水確率をゼロから一〇〇パーセントの範囲で答えてもらった。この指標を危険に対する態度として用いて統計分析を行うと、危険回避度の高い人（低い降水確率でも傘を持ち歩く人）のほうが、人員削減よりも賃金カットを選んでいることが示された。

また、年齢が高い人のほうが、賃金カットを選ぶ傾向が高い。これは、年功的賃金制度のもとでは、年齢が高いと、他の企業での賃金のほうが、現在の企業の賃金よりも高くなるということが少なくなってくるからであろう。

さらに、生活水準を下げるのが嫌いな人は、人員削減を選ぶ傾向がある。厳密にいうと、生活水準を下げるのが嫌いな人は、あたかも危険回避的でない人に似た選択を行う。この点

は、「損失局面では人々は危険愛好的になる」という損失回避の議論と整合的である。

結局、緊急対応型のワークシェアリングが従業員に受け入れられるかどうかは、その企業の従業員のタイプがどういうものかということに大きく依存している。第一に、安全志向が強い従業員が多いかどうか。第二に、生活水準を一時的に下げることに抵抗が少ない従業員かどうか。一度つくった生活習慣に固執するタイプの従業員がこれを受け入れることは難しい。第三に、高年齢者が多いかどうか。日野自動車が五五歳以上の従業員に対象者を絞っていたのは、ここでの発見と整合的である。これ以外には、人員整理の順番が明確になっていないこともワークシェアリングの導入には重要である。アメリカの組合従業員のように、後から採用されたものから順番に解雇されることがわかっていれば、組合員の過半数は解雇の危険から逃れられるため、ワークシェアリングに賛成しないことになる。

ワークシェアリングが雇用対策として注目を浴びながらも、すべての企業で実施されるわけではないことの背景には、賃金カットの経費削減効果が人員削減よりも小さいという理由に加えて、ワークシェアリングを好まない従業員が多い企業が存在するという事情もあるかもしれない。なかでも、従業員の危険回避度の差は重要である。あなたの会社の社員に「低い降水確率でも雨傘を持って出かける」という人が多ければ、ワークシェアリングは成功する可能性が高い。

6　失業がもたらす痛み

失業はなぜ問題か

日本の失業率は一九九〇年代末に上昇し、二〇〇五年まで四〜五パーセントという水準で推移してきた。失業率が高いということは、働きたいのに働くことができない人が多く、その分だけGDPが低下し、人々の所得も低下していることを意味する。つまり、失業者がうまく職を見つけていた場合に比べて生産性が低下し、効率性が落ちていることになる。しかし、高い失業率の問題は、そのような国全体としての所得の低下ということにとどまらない。第一に、失業率の上昇によって、所得低下に直面するのは、増加したとはいえ全体からみれば少数といえる五パーセント程度の失業者だけである。つまり、所得の分配を不平等化する要因になる。第二に、失業が貧困をもたらす。失業状態と生活水準は必ずしも一致しないが、もともと資産や所得の少ない人々が失業すると貧困に陥る。実際、生活保護受給を始めた人のなかで、近年増えているのは、失業を理由とするものである。第三に、失業経験や失業不安は、人々の幸福感を大きく阻害する。図III－7に、筆者が最近行ったアンケートから失業経験と幸福感の関係を示した。失業経験があるものでは、そうでないものより幸福と答えるものの比率が少なく、不幸だと答えるものが多い。所得水準の影響を統計的に考慮しても、失業経験や失業不安は、幸福感を引き下げることを、筆者は富岡淳氏との共同研究で明らかにした（大竹・富岡、二〇〇二）。つまり、失業は、単に失業によって所得が低下するということ以上に不幸をもたらすのである。第四に、失業率の上昇は、犯罪率や自殺率を高めてしまう。

図III－7　失業経験と幸福感

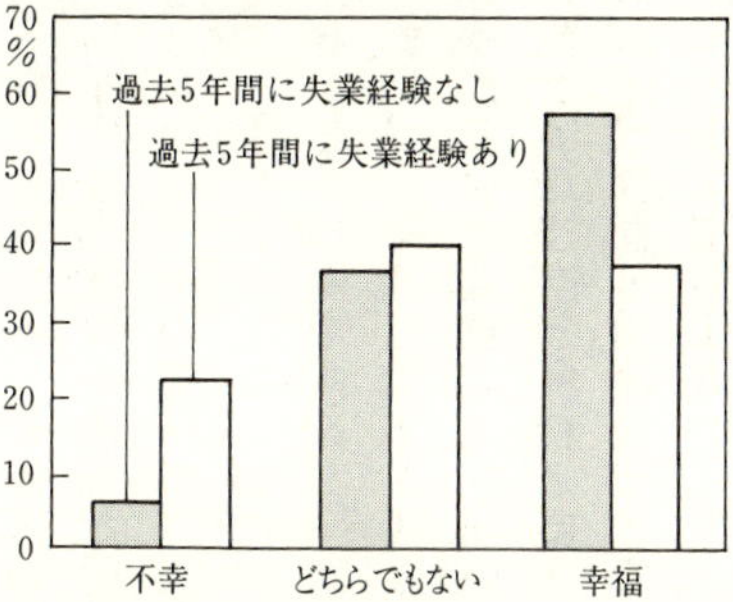

大竹・富岡(2002)より筆者が作成

　このように、失業はさまざまな痛みを人々に対して与えてしまう。かといって、失業を防ぐために解雇を抑制したとしても、根本的な解決にはならない。仮に解雇を抑制したとしても、雇用量が増えないとすれば、新規採用が減るだけだからである。新規採用が増えないと、すでに失業している人々の失業期間は長くなり、新規学卒者は長期間失業してしまう。結局、誰が失業のコストを払うかという分配問題になってしまう。現在は、若年者と高齢者がそのコストを払っている。若年者の失業率が高くなることによる潜在的なコストは大きい。若者が長期間仕事の経験を積まないでいると、将来の日本の人的資本のレベルは低下してしまうかもしれない。その意味で、失業のコストをできるだけ小さくすることが必要である。失業のコストを小さくするためには、仮に失業したとしても、失業期間が短くなるような環境をつくることが必要である。

また、失業率を低下させるためには、仕事そのものを増やすことが必要になる。仕事はあるけれども、人材が足りないということも深刻である。これは、技術革新が進んで、過去に必要だった技能と現在必要とされる技能が大きく異なってきたために発生している。そうであれば、教育・訓練が今まで以上に必要となる。単に、教育・訓練を行うよりは、実際に公的に仕事を創出することで、仕事に就きながら技能を身につけさせることも有効であろう。

失業・犯罪・自殺

一般に不況が問題になるのは、生活水準が低下するからである。どうして、失業問題は重要なのであろうか。不況による失業率上昇は、労働力が有効に活用されていないという経済的な無駄が増えていることを意味する。「痛み」は単に、失業率の上昇だけにとどまらない。失業率の上昇にともなって発生する、さらなる「痛み」がある。犯罪発生率や自殺率の上昇

図Ⅲ－8　失業率・犯罪率・自殺率の推移

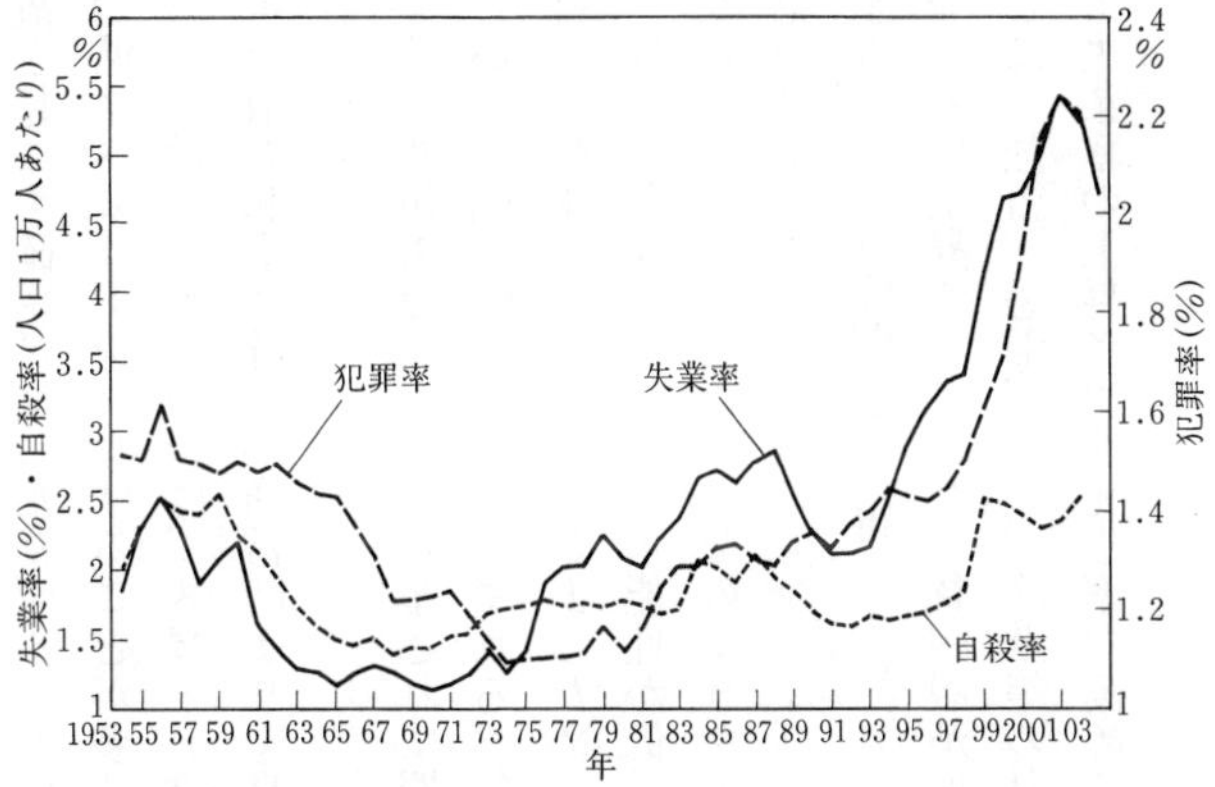

「労働力調査」「人口動態統計」「犯罪白書」より作成

である。図Ⅲ－8には、日本の失業率と犯罪発生率、自殺率の推移を示した。三つの変数の間に密接な関係があることが理解できる。特に、一九九八年以降の失業率の急上昇と時を同じくして、犯罪率と自殺率が上昇している。自殺率の上昇は中高年男性の上昇が原因になっている。

犯罪を経済学的に考える

このうち、犯罪と不況の関係を経済学的に考えてみよう。経済学では、人々は罪を犯した時の費用と便益を比較して、便益のほうが大きい場合に罪を犯すと考える。多くのドライバーが日常的にスピード違反をするのは、スピード違反をすることによって、早く目的地に到達する、快適なドライブを楽しめるといった便益のほうが、スピード違反で摘発され罰金を払ったり、事故を起こす確率が増したりする、といったスピード違反の費用よりも大きいからである。急用時にスピード違反をすることが多くなるのは、スピード違反の便益がそれだけ高いからである。逆に、大雨の時に、スピード違反をすることが少なくなるのは、スピード違反によって事故を起こす確率が通常時よりも高いため、多くのドライバーが慎重に運転するからである。

犯罪の費用のなかには、検挙されて罰則を受けることの直接的な費用だけでなく、職を失うといった間接的な費用も含まれる。賃金の高い仕事をもっている人にとって、罪を犯すことはその仕事を失う危険性があるため、仕事を失うことまで考慮にいれると、犯罪は高くつく。逆に、失業中で就職の可能性が低い人にとっては、合法的な活動をしていても所得は高くならないかもしれない。そのような人々にとって、就職の可能性がより低くなる不況期には犯罪によって失うものが少なくなる。つまり、「犯罪の検挙率が低い」「犯罪に対する罰則が小さい」「合法的な職が得にくい」「合法的な仕事からの賃金が低い」といった場合に犯罪の発生率は上昇する。また、貧困層が増える一方で金持ちが増えて所得の格差が大きくなることは、強盗、恐喝、窃盗《せっとう》、詐欺《さぎ》等の財産犯の便益を増加させることになる。これらは、すべて失業率の上昇が犯罪発生率を高める方向として働くことを意味しているのである。

図Ⅲ－9　人口あたり少年検挙者数と高卒者の就業状況の悪さ

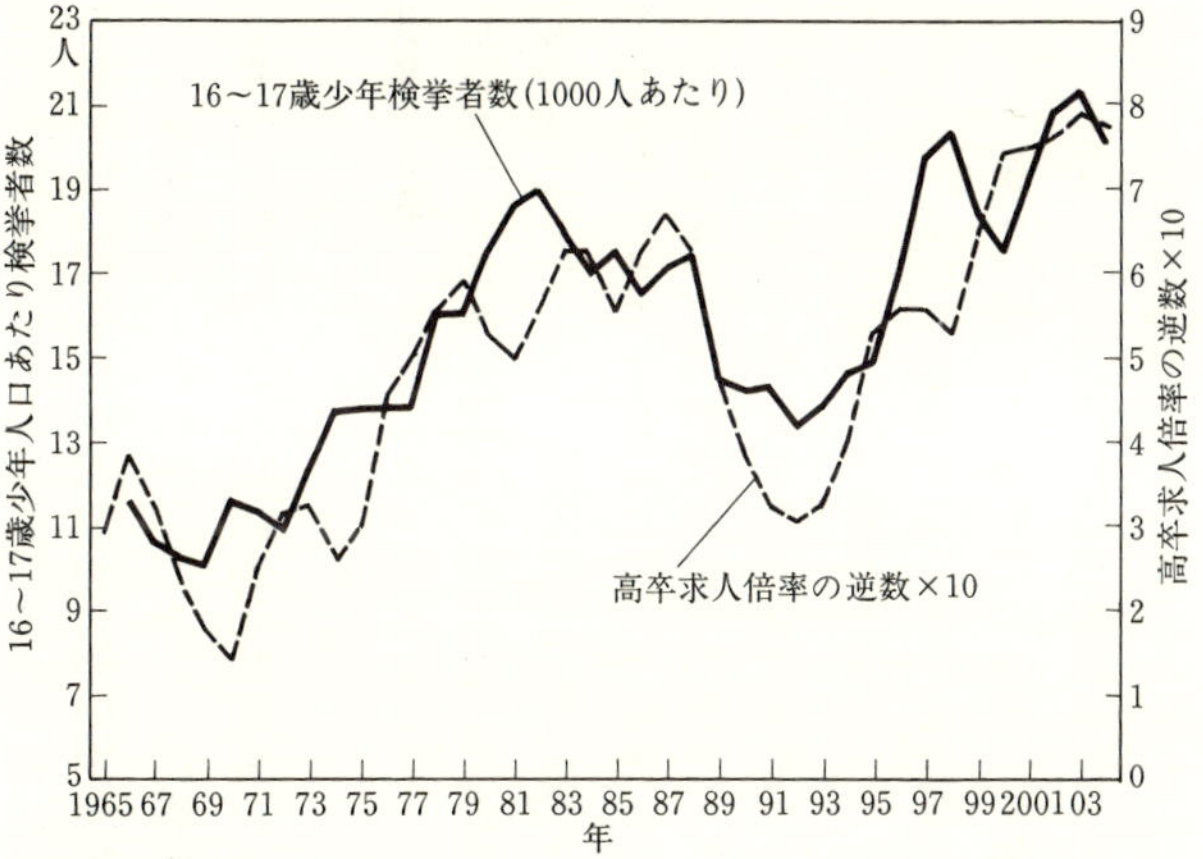

「職業安定所業務統計」「犯罪白書」より作成

少年犯罪と失業

未就労のものが多数を占める少年犯罪も、労働市場の逼迫《ひっぱく》度と無縁ではない。図Ⅲ-9に、高校生の年齢層における少年犯罪の人口あたり検挙者数と、高校の新規学卒者の就職状況の悪さを示す指標（新規学卒求人倍率の逆数×一〇）の変化を示している。両者の間に、明確な正の相関が観察できる。

少年犯罪の発生率が、労働市場の逼迫度と関連をもつのは、いくつかの理由が考えられる。第一に、将来の就職が困難だと理解した少年は、仮に罪を犯さなくても合法的な職に就けないと判断し、罪を犯すことを選択するという可能性がある。第二に、学校を卒業した少年が失業して犯罪を行うようになると、その後輩の現役学生に悪影響を与えて犯罪グループを形成する。第三に、不況で親の所得が低下し、少年の小遣いが低下することが原因で犯罪を行う可能性がある。近年の少年犯罪の増加は、罰則規定の問題や社会環境の変化の影響もあるかもしれない。しかし、就職機会の低下に対する少年の合理的な対応という側面も無視できない。彼らは犯罪の加害者であると同時に不況の被害者でもある。

失業と自殺

自殺率と失業率の間についても、生きていた時の便益と自殺を選んだ時の便益を比較して自殺を選ぶという考え方を用いて説明したのが、テキサス大学のハマメシュ教授である(Hamermesh and Soss, 1974)。失業率が高くなると長期間所得が低くなる人々が多くなり、なかには満足な生活が得られないと考えて自殺を選ぶ人が増えてくる、というのである。

「そんな合理的な計算をして自殺を選んでいるのだろうか」、と疑問に思うかもしれない。実際、失業の恐怖やリストラがメンタルヘルスを悪化させて、自殺を増加させるという可能性もある。また、債務の支払いができなくて生命保険の保険金による支払い目的の自殺もあろう。失業が恐怖になるのは、失業した場合の生活水準の低下に加えて、生きがいがなくなることも理由であろう。債務の支払い目的に自殺するというのは、考えようによってはまさに経済合理的に判断しているのかもしれない。

図Ⅲ－10　積極的雇用政策の対GDP支出比率

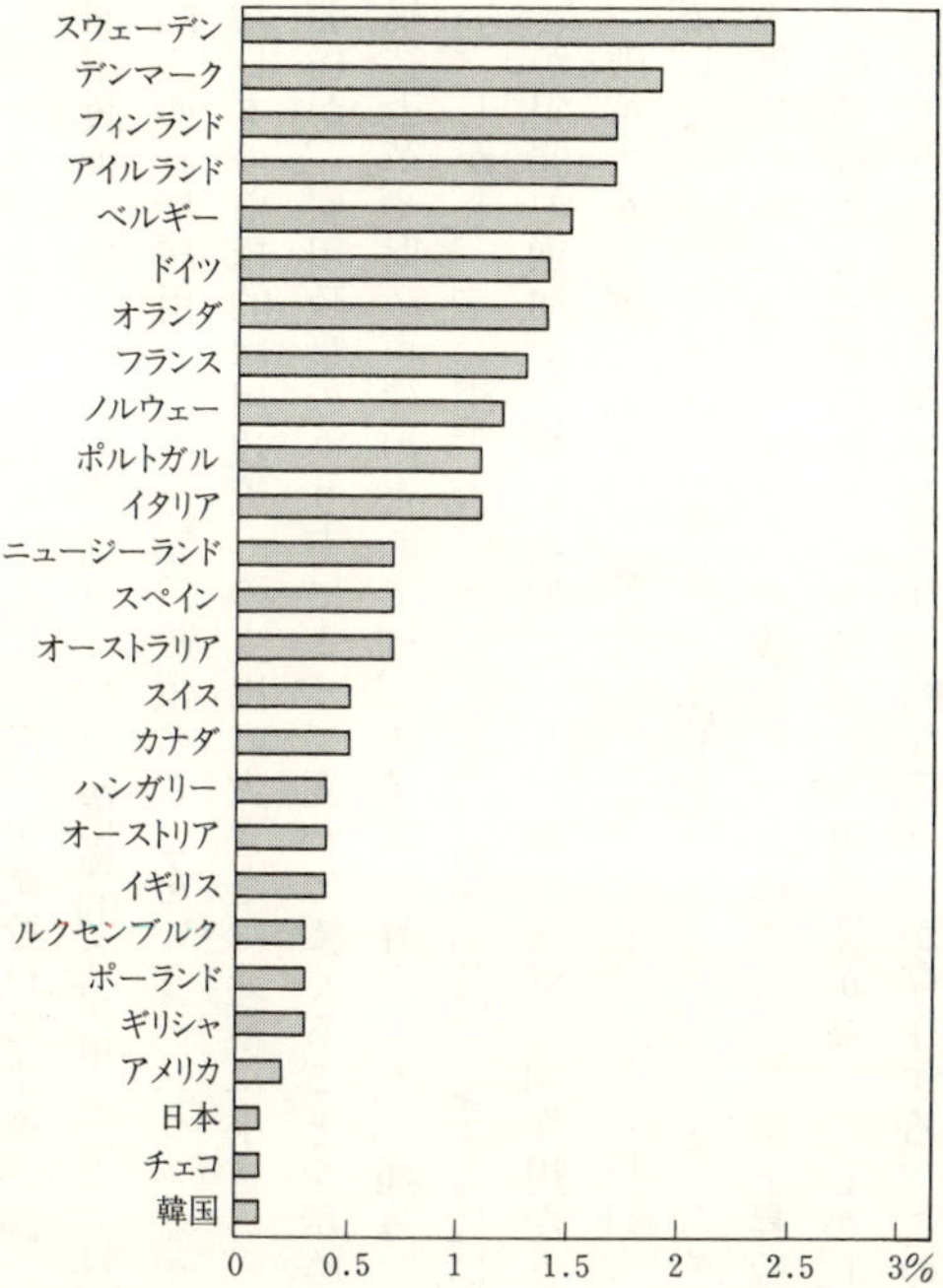

Matin, John P.(1998) より作成

ただし、どの国でも自殺率と失業率の間に正の相関があるわけではない。スウェーデンでは、一九九二年以降失業率が二パーセント程度から一〇パーセント近くにまで一気に跳ね上がった。しかし、スウェーデンの自殺率は、失業率の動きとは無関係に低下し続けた。スウ

ェーデンは、よく知られているように、失業給付の水準が高い上に、失業対策として積極的に雇用政策を行っている(図Ⅲ‐10)。積極的な雇用政策とは、職業紹介、職業訓練、公的部門での直接雇用といった雇用政策のことをいう。スウェーデンと比べるとGDP比率で測った日本の積極的雇用政策への支出の大きさは非常に小さい。このことは、失業率と自殺率の関係が、雇用政策のあり方によって変わってくることを示唆している。

構造改革や財政再建のためには、失業率上昇という「痛み」に耐えることが必要かもしれない。しかし、「失業率上昇という痛み」の期間はできるだけ短いほうがいい。それに、「痛み」が犯罪の増加や自殺の増加という、より深刻な副作用をともなわないような、雇用政策の「改革」が急務である。「痛み」を一部の失業者にだけ押しつけることによって、多数の失業しなかった人々は、「痛み」を感じないですむ。そのため、企業の経営危機や国の財政が悪化した時には、リストラや歳出カットによる失業率上昇政策のほうが、ワークシェアリングや増税による雇用創出より選ばれる可能性が高い。しかし、失業率上昇には、犯罪や自殺の増加というより深刻な「社会的な痛み」が存在する。この「社会的な痛み」は、やがて社会不安という大きなコストとして、私たちに跳ね返ってくることを忘れてはならない。

Ⅳ　所得格差と再分配

格差社会の幻想と未来

- 日本の所得格差が拡大してきたのはなぜか？
- 見かけの不平等と真の不平等とは？
- 所得格差の拡大を心配する人が多いのに、小さな政府が支持されるのは？

個人の格差と世帯の格差

勝ち組と負け組

日本社会で二極化が目立ってきている。一九九〇年代の終わりから「勝ち組・負け組」という言葉が頻繁に使われるようになった。当初は、成長企業と衰退企業を指して使われていたが、人々の所得水準や人生についても使われるようになってきている。最近では、女性の生き方にまで、勝ち負けが使われている。

「自分を勝ち組だと思うか、負け組だと思うか」という質問を行った電通消費者研究センターの調査では、「勝ち組」と意識している人の割合は年収五〇〇万〜一〇〇〇万円の階層では三〇パーセント前後、五〇〇万円以下では二〇パーセント前後であるのに対し、年収一〇〇〇万円超では約五八パーセントに達するという。実際、内閣府の「国民生活に関する世論調査」では生活の程度が「中の上」と答える人が九〇年代半ばから増え、それまで「中」の意識を持っていた高所得層でも「中の上」と意識する人が増えている（佐藤俊樹、二〇〇二）。

「国民生活選好度調査」（内閣府）によれば、「収入や財産の不平等が少ないことが、現在ど

図Ⅳ－1　収入や財産の不平等感

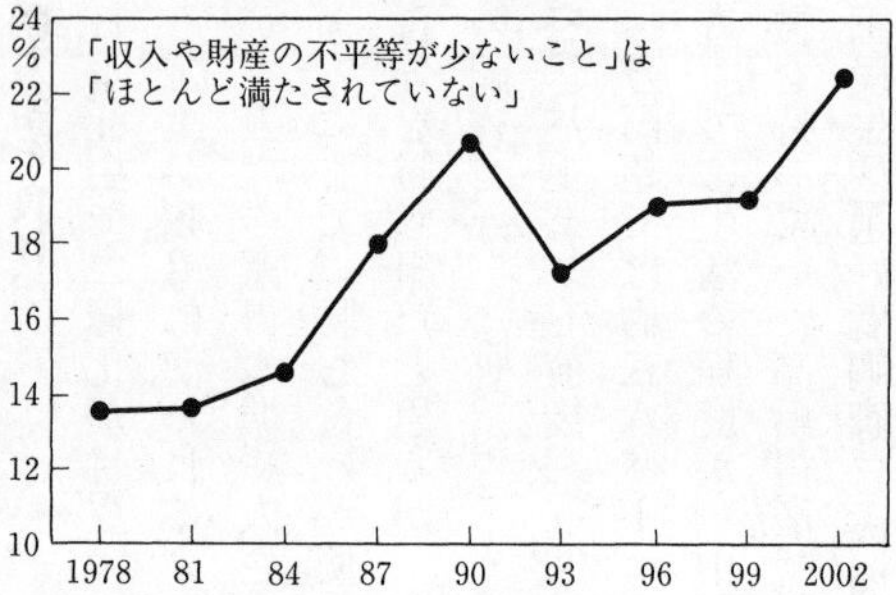

「国民生活選好度調査」(内閣府)より作成

の程度満たされている（実現されている）か」という質問に対して、「ほとんど満たされていない」と答えた人の比率は、二〇〇二年において二二パーセントになり、バブル時の二〇パーセントを超える水準になっている（図Ⅳ－1）。格差拡大の認識が浸透してきたのに、日本の税制はフラット化が進められ、所得再分配効果が低下してきた。所得税・住民税の最高税率は、一九八六年に八八パーセントであったが、二〇〇五年には五〇パーセントに引き下げられている。その結果、租税による不平等度の改善効果は、一九八六年には四・二パーセントあったが、二〇〇一年には〇・八パーセントに低下している（「所得再分配調査」厚生労働省）。相続税率も引き下げられてきた。

どうして、そうした政策が支持されてきたのだろうか。人々の格差拡大に対する価値判断はどうか。格差に対する人々の認識は、実際の日本人の所得格差の動きと対応しているのだろうか。本当に日本の所得格差は拡大してきたのだろうか。所得の再分配政策の強化を支持する人たちはどのような人たちだろうか。それは、経済学的な仮説と整合的だろうか。こう

図Ⅳ－2　不平等度(ジニ係数)

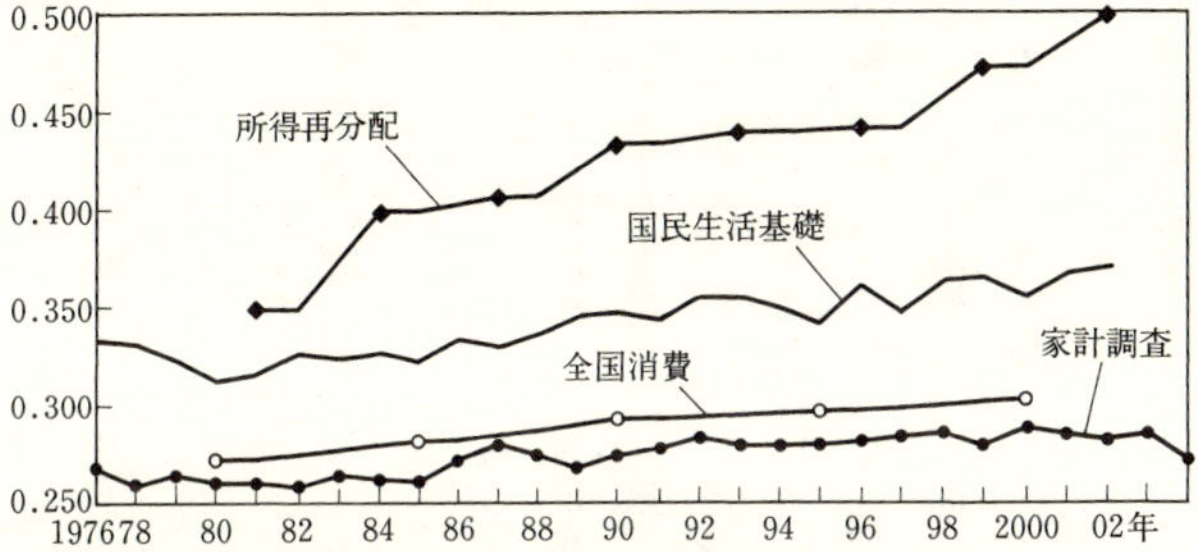

「家計調査報告」「国民生活基礎調査」「所得再分配調査」「全国消費実態調査」の公表集計表のジニ係数あるいは公表統計から筆者が計算

した点を検討してみよう。

所得格差の動き

人々の所得格差拡大に関する実感は、所得格差の統計と整合的なのだろうか。図Ⅳ－2には、さまざまなデータから算出した課税前所得の不平等度の推移を示した。統計によって所得の定義や対象としている世帯の属性が異なるので、不平等度の水準には大きな差がある。しかし、どの統計であっても日本の所得不平等度は近年上昇してきたようにみえる。

統計によって、所得の不平等度が異なる理由について解説しよう。図のなかで最も高い不平等度を示しているのは、「所得再分配調査」という厚生労働省の統計である。この統計の不平等度が高くなる（ジニ係数が高い）のは、ここで用いられる「当初所得」という概念が他の統計と異なり、「公的年金」の受け取りを含んでいないためである。高齢化で年金受給者が増加するなか、公的年金の受け取りを含まない所得で不平等度を測ると他の統計より低所得者が過大に算出されるため不平等度が高くなる。生活水準の格差を分析する上で、公的年金所得を含まない「当初所得」は適切ではない。これが「国民生活基礎調査」と「所得再分配調査」の不平等度の差をもたらしている。

「国民生活基礎調査」と「全国消費実態調査」「家計調査」との差は、後者が単身世帯を含まないことによる。一九八〇年では、全世帯の一八パーセントだった単身世帯は、二〇〇二年においては二三パーセントに上昇している。単身世帯のほうが他の世帯より世帯所得が平均的に少ないため、単身世帯を除くと不平等度が低めに算出される。

しかも単身世帯だけが増えているのではない。平均世帯規模は、同じ期間に三・二人から二・七人に減っている。単身あるいは二人世帯が全世帯に占める比率は三四パーセントから五一パーセントに上昇している。こうした世帯規模の変化は、世帯レベルの所得格差に大きな影響を与えることになる。世帯人員が少なくなると、世帯所得が少なくなっても、世帯一人あたりの所得格差や生活水準の格差は変わらないかもしれない。実際、世帯人員を調整して日本の不平等度を計算すると、九五年以降ほとんどその上昇はみられない。

世帯形態の変化

図Ⅳ－3　世帯人員数比率の推移

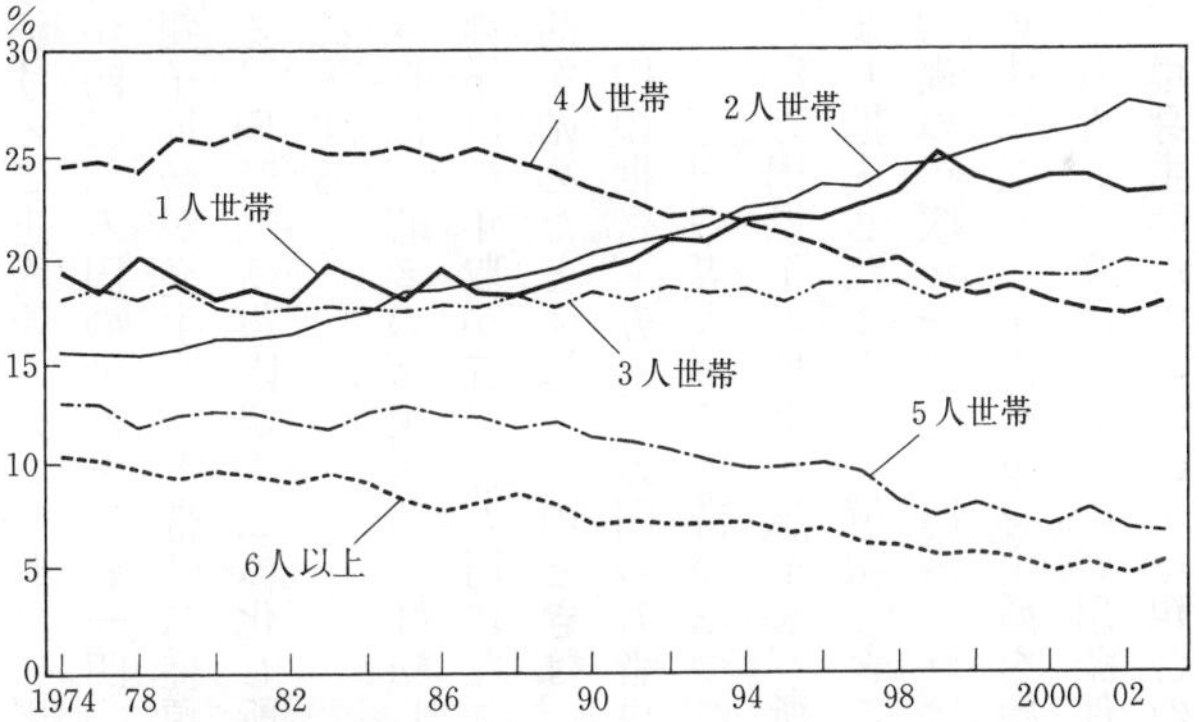

「国民生活基礎調査」(厚生労働省)より作成

日本における世帯規模の変化は近年著しい。図Ⅳ－3に示したように一九八〇年代には、四人世帯が最も普通の世帯であった。しかし、九〇年代では二人世帯が最も多く、次に単身世帯が多くなっている。すでに四人世帯は「標準世帯」とはいえなくなっている。世帯規模が変化すると、世帯所得の不平等度と人々の生活水準の格差の間に乖離が生じてくる。

世帯形成のあり方の変化と所得格差の関係を、例を使って説明しよう。世帯には三世代同居という形態のみがあったと仮定しよう。七五歳で年収三〇〇万円の親、五〇歳で年収一〇〇〇万円の子、二〇歳で年収四〇〇万円の孫がいるとする。日本人がすべてこの世帯であれば、年収一七〇〇万円の世帯だけで、世帯間の所得格差はない。いま、年金が引き上げられ、七五歳の親の年収が四〇〇万円になり、介護保険が充実したとしよう。このとき、親が単身で生活することを選んだとすれば、老人で所得が四〇〇万円の世帯と年収一四〇〇万円の親子世帯が発生し、世帯は二種類に分かれる。同時に所得階級も二極化し所得格差が拡大する。

さらに、若者の雇用条件が好転し、二〇歳の子供の年収が五〇〇万円になり、単身生活を始めたとする。このときは、一〇〇〇万円の世帯、五〇〇万円の若者単身世帯、四〇〇万円の老人単身世帯の三つに分かれ、五〇〇万円以下の世帯が急増し、所得格差がより拡大したようにも解釈できる。また、五〇歳の年収が一〇〇万円増えれば仕送りが可能になり、子供が単身生活を始めるかもしれない。逆に、若者の雇用条件が悪いと、単身生活ができないから親との同居を

選ばざるをえないということもある。

このように、世帯形態が所得の状況に応じて変化しやすい社会になってくると、それぞれの個人レベルでみると豊かになっているにもかかわらず、世帯で測った所得では低所得世帯が増加しているとみえる場合がある。バブルの頃には、東京の私学の競争率が軒並み上昇した。これは、団塊ジュニアが受験期を迎えたというだけでなく、日本全体で所得が高まった結果、地方から子供に仕送りをすることが経済的に可能になり、東京の私学を受験させる親が増えたことを背景にしていた。

逆に、「パラサイト・シングル」と呼ばれる「親と同居し結婚しない若者」の存在は、親の生活水準が高いから若者が親にパラサイト（寄生）しているという面もある。同時に、若者の雇用条件が悪く、単身生活ができないから同居を選ばざるをえないという側面も大きい。

このように、経済状況の変化や社会保障のあり方は、世帯形態に大きな影響を与える。世帯間での所得の不平等度は、そのような世帯形成のあり方に大きく影響を受けるのである。

女性の働き方の変化

もう一つ、世帯間所得格差のあり方に大きな影響を与えるのは、女性の働き方の変化である。低所得男性の配偶者は、生活水準を高めるために共稼ぎをし、高所得男性の配偶者は専業主婦になる、という傾向は、日本では一般的であった。現在の保育所の入所基準もこのような日本の一般的な傾向を前提として行われている。しかしながら、男女雇用機会均等法の施行(一九八六年四月)や、技術革新によって肉体的な能力よりも知識能力が求められるようになってきた結果、男女の賃金獲得能力の差が小さくなってくると、優秀な女性が能力を発揮する機会も増えてくる。高所得男性の配偶者が専業主婦ではなく、高所得を得て働くというケースが増えてきている。さらに、少子化で育児負担の軽減、電化製品の発達、家事代行サービスの発達で、高所得男性の配偶者もパート労働で賃金所得を得る人が増加している。高所得男性の配偶者が働くようになると、世帯間の所得格差は拡大する。低所得層は共稼ぎ、高所得層は片稼ぎという傾向があれば、個人間での所得格差に比べて、世帯間での所得格差は小さくなる。しかし、高所得層においても共稼ぎということが増えてくれば、世帯間の所得格差は拡大していくのである。

このように現在の日本で観察されている家族のあり方の急激な変化は、世帯間所得格差の推移を単純に比較して、不平等度の拡大の有無を議論することを非常に難しくしている。

見かけの不平等と真の不平等

所得獲得のタイミングと人口高齢化の影響

給与の支払い方の変化や人口の高齢化も、不平等度に影響を与える。給与の支払い方の変化が見かけ上の所得格差に与える影響を仮設例を用いて説明しよう。仮に、すべての日本人の所得が一〇〇〇万円であったとする。ある年から、給与の受け取り方が変わって、日本人の半数は、西暦の奇数年にだけ二〇〇〇万円の給与を受け取り、偶数年は給与はゼロであるというような二年契約制度をとり、残りの半分の日本人が偶数年に二〇〇〇万円を受け取り、奇数年はゼロであるという給与の支払い契約をしたとする。この場合、二年を平均した所得は、以前と同じ一〇〇〇万円である。しかし、単年度でみれば、二〇〇〇万円の所得とゼロの所得の人が発生するという不平等社会へ移行したようにみえてしまう。しかし、中身は単に給与の支払い形態が変化しただけであるから、格差拡大でもなんでもない。この場合に格差を是正するような社会保障制度の拡充や税制の改正を行うことは、かえって人々の行動に歪みをもたらしてしまって、マイナスの効果のほうが大きい。

今の例は、極端に見えるかもしれない。しかし、人口の高齢化の影響は本質的には給与の支払い形態の変化の効果と同じである。単純化のために、平均寿命が五〇歳で、人々は、十分に働ける間だけを生きている世界から、寿命が八〇歳になって、引退後二〇年間は、貯蓄を取り崩して生きていかなければならない世界になったとする。人生五〇年の時はきわめて平等度が高い。寿命が八〇歳になると、引退後所得がない人が出てきて、不平等度が増すようにみえる。しかし、それは所得格差の測り方が悪いだけである。引退した人たちは、最初から人生が八〇年になることを知っているので、きちんと貯蓄して引退後の生活に備えている。別に勤労所得がなくても、貧困者が増えたわけではない。人口構成が大幅に変わる際に、その年だけの所得をもとに不平等の程度を測っていると大きな間違いをすることになる。先ほどの給与の支払い形態の場合と同じように、生涯所得の水準が個人間で異なってきたかどうかを測る必要があるのだ。

生涯所得の格差

所得の不平等度は、その時点の所得だけの格差を示している。しかし、現在時点の所得の格差が小さくても、生涯所得の格差が大きいのであれば、その社会は本当に平等な社会であるとはいえない。逆に、仮に一時点の所得の不平等度が高くても、所得階層間の移動率が非常に大きい場合、つまり、ある時点で低所得であった人がつぎの時点で高所得になるということが頻繁にある場合には、一時点で見た所得格差が大きくても、生涯の所得格差は小さくなる可能性がある。

ニューヨーク大学のフリン教授は、一時点の賃金格差はアメリカのほうがイタリアよりもはるかに大きいにもかかわらず、生涯賃金の格差は両国でほぼ同じであることを示している。転職が比較的容易なアメリカにおいては、現在の賃金水準が低くても、転職によって将来よりよい条件の仕事に就く可能性があり、生涯賃金でみた賃金格差は、一時点での賃金格差に比べると小さくなる。これに対し、転職が困難であったり、将来の賃金上昇の可能性が小さい社会においては、現在の賃金格差がずっと続くことになるため、現在の賃金格差はそのまま生涯賃金の格差となってしまうのである（Flinn, 2002）。

勤務先の企業の業績が悪化し、解雇や大幅な賃金カットといった負の賃金ショックに直面した場合を考えてみよう。労働者の技能が一般的であり、転職コストが低い社会であれば、労働者は一度失業するかもしれないが、もとの賃金水準の仕事に容易に転職することができる。一方、解雇のリスクは非常に小さいが、賃金の高い仕事に就くか否かが学校卒業後の最初の就職で決まり、転職によって、より有利な賃金の職に移ることが困難な社会もある。

前者の社会では、失業者も多い代わりに高い所得を得ている人もいる。そうすると、所得の不平等度は、後者の社会よりも高くなる。しかし、失業による所得ショックは、失業期間が短ければ一時的なもので収まるため、生涯所得はそれほど低下しない。つまり、アメリカにおける就業状態の頻繁な変化が、一時点の大きな賃金格差と比較的公平な生涯賃金分布をもたらしている。

日本の場合は、アメリカタイプとイタリアタイプのどちらにより近いであろうか。筆者はどちらかといえばイタリアにより近いと考えている。たとえば、日本の場合、就職の機会は新規学卒の時点にかなり限られている。そのため、好景気の時に就職した世代は生涯賃金が他の世代に比べて高い。

消費格差

所得の不平等度は、所得の一時的変動の影響を受けるため、必ずしも真の所得格差を反映しないという問題点がある。また、現在時点で賃金所得はなくても、多額の資産を保有していたり、将来遺産をもらうことが確実な人もいる。そういう人たちは、所得は低くても高い水準の消費生活を楽しむことができる。貧困や生活水準の格差を知る上で、最も優れた指標は、消費水準の格差である。その上、恒常所得仮説(消費は将来にわたり期待できる平均的な所得に左右されるという説)に基づけば、消費の格差は恒常的な所得格差を反映した不平等の尺度として機能する。実際、最近では消費の不平等を分析する研究が進んでいる。

アメリカでは、過去三〇年間、所得格差、賃金格差が拡大してきたが、最近の研究で所得格差の拡大に比べて消費格差はそれほど拡大していないことが明らかにされてきた。その理由として、所得に占める恒常所得ではない一時的な変動所得(たとえばストックオプションによる所得）の割合が上昇している可能性や、所得減少リスクを補完するための家計向け金融商品の拡充と家計によるその利用拡大などが指摘されている。そのため、所得ショックの拡大の割に消費格差が拡大していないのである。

図Ⅳ－4　所得と消費支出額の不平等度の推移（対数分散値）

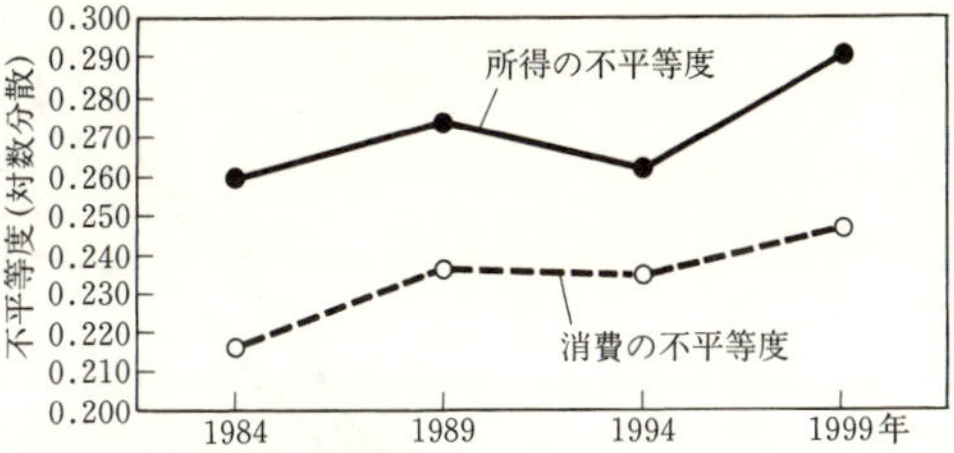

注　世帯主25歳以上普通世帯
「全国消費実態調査」より筆者が特別集計

それでは、日本における消費の不平等度の推移は所得の不平等度の推移と比べてどのような特徴をもっているであろうか。図Ⅳ－4には、「全国消費実態調査」の特別集計による所得と消費支出額の不平等度の推移（対数分散値＝大きいほど不平等度が高い）を示した。それは年間所得の不平等度よりも消費の不平等度が小さいことを示している。この結果は、年間所得のなかには一時的な所得変動が含まれているという仮説と整合的である。しかし、所得不平等度の上昇よりも消費不平等度の上昇がはるかに小さいという、アメリカで見られたような現象は観察されない。

このことから、一時的な所得変動の拡大が日本の所得不平等度を高めたわけではないことがわかる。むしろ、所得の格差の上昇のほとんどが恒常的な格差の拡大であるか、所得格差と消費格差を同時に上昇させる別の要因によって引き起こされていることを示している。

高齢化と所得格差

日本の所得格差の拡大は、消費格差の拡大と同時に発生している。つまり、恒常的な所得格差が拡大しているのか、消費格差と所得格差を同時に拡大させる要因があるのか、どちらかである。筆者は後者の可能性が高いと考えている。実際、日本の所得不平等度の上昇の原因の多くは、人口高齢化と世帯構造の変化にある。

図Ⅳ－5には、「全国消費実態調査」の一九七九～九九年の二人以上の世帯に関する年齢別の不平等度（ジニ係数＝高いほど不平等）を示した。特徴は三つある。第一に、どの年も若年層よりも高齢層の間での年齢内所得格差は大きい。第二に、七九～九四年の年齢別不平等度のグラフはほとんど重なっており、非常に安定的である。第三に、九九年の不平等度はそれ以前と異

図Ⅳ－5　年齢別不平等度（ジニ係数）

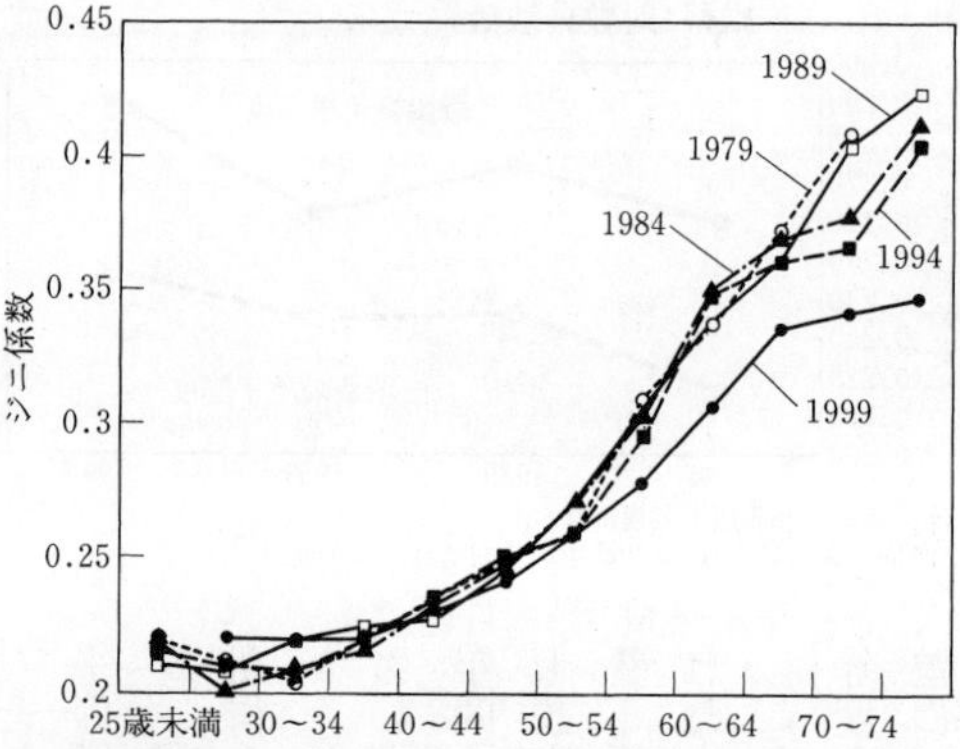

「全国消費実態調査」より作成

なっている。九九年には、若年層での不平等度が高まり、五〇歳代後半以降での年齢内不平等度が低下している。

この間、人口の高齢化が進んできたので、日本では年齢内不平等度が高い年齢層の人口が多くなった。そのため、経済全体の不平等度が上昇していったのである。特に、一九八〇年代には、人口高齢化による経済全体の不平等度の上昇の影響が大きかった。

ただし、九〇年代の後半で変化が生じている。若年層で所得格差が拡大する一方、五五歳以上の人々の間での所得格差は縮小している。図示していないが、五〇歳未満の世帯の間で消費の格差拡大が観察されている。

若年層における消費格差の拡大は、現在の所得不平等度に現れない将来所得の格差拡大を反映したものである可能性がある。具体的には、遺産相続を通じた所得格差や将来賃金の格差拡大を反映していると考えられる。

低成長・少子化社会では、遺産相続が生涯所得格差に大きな影響を与える。少子化社会では子供の数が少ない分、子供一人あたりの相続の受け取り額が大きくなる。経済成長率が低ければ、子供世代が自ら稼ぐフローの所得は、親から受け取る相続資産に比べて小さくなる。

一九九〇年代末に導入が本格化した成果主義型賃金制度は、導入直後では大きな賃金格差をもたらしていないが、運用が本格化すると大きな格差をもたらす可能性がある。

若年層の失業率の上昇も大きな影響を与える。一度失業を経験すると、なかなか賃金の高い仕事を見つけることが難しいという現在の日本の状況が変わらなければ、若年層での失業率上昇は、生涯所得格差の拡大に直結しよう。

IT革命と賃金格差

アメリカでは低賃金労働者の実質賃金は長期間低下し、高賃金労働者の実質賃金が上昇するという賃金格差の拡大が生じた。この格差拡大は八〇年代から九〇年代に顕著に現れた。このなかでも、高学歴者と低学歴者の賃金格差の拡大が発生した。このような格差拡大の原因については、技術革新説、グローバル化説、大学進学率停滞説、組合組織率低下説、実質最低賃金引き下げ説など多くの仮説がある。そのなかで、最も有力な仮説が、「コンピュータやインターネットなどの情報通信技術の急激な発達により、高学歴労働者に対する需要が増加したことが原因である」というものである。

なぜ、IT革命が高学歴労働者に対する需要を増加させるのであろうか。三つの可能性を議論してみよう。

第一に、IT産業で働く労働者が不足しているということがよくいわれる。ところが、IT産業や情報通信部門の労働者が労働者全体に占める割合は、それほど高くない。情報処理技術者やＩＴ産業の労働者だけで高学歴者の賃金が高まっているわけではない。

第二に、パソコンを使ってワープロやスプレッドシートによる作業を行うことが、人々の生産性を高めている可能性がある。実際、プリンストン大学のクルーガー教授は、パソコンを使って仕事をしている労働者は、そうでない労働者よりも賃金が一〇〜一五パーセント程度高いことを実証的に示した（Krueger, 1993）。ただし、この分析にはパソコンが賃金を高めているのではなく、優秀な人がパソコンを使う仕事をしているのである、という有力な反論もある。日本でも大阪大学の小原美紀助教授と筆者が行った研究によれば、パソコンを用いて仕事をする人の賃金はそうでない人よりも高くなっている（小原・大竹、二〇〇一）。しかも、その傾向は高学歴労働者に特徴的に現れる。さらに、個人の観察されない能力差をコントロールしてもパソコンの賃金引き上げ効果は存在する。筆者たちの研究によれば低学歴の労働者の場合には、パソコン利用が賃金引き下げの要因とさえなっていることが示されており、ＩＴ革命は学歴間賃金格差拡大の要因となっていることを示唆している。

ただし、日本では、アメリカでみられたような急激な学歴間賃金格差は観察されていない。学歴間賃金格差の拡大がみられるのは、若年層に限られており、それも八〇年代半ばに生じただけである。中高年層における高学歴化が、高学歴者に対する需要増による賃金格差拡大効果を相殺したことがその理由である。しかし、若年層では大学進学率が一定であったために学歴間格差の拡大が生じた。

第三に、企業組織としてITを使うことで、高学歴労働者に対する需要が高まり、生産性も高くなっていることが学歴間賃金格差の原因ではないか、という意見がある。ITの特徴は、データの蓄積・伝達能力の飛躍的な拡大とそのコストの低下である。そのようなデータの蓄積・伝達能力の拡大に比べて、データの解析能力や判断能力のITによる向上のペースは遅い。つまり、IT革命は判断能力・解析能力のところでボトルネックを発生させるために、そのような能力をもった人間に対する需要を増加させるのである。ITの導入により人々の仕事は、判断能力が求められるようになる。判断能力を生かすためには、企業組織の分権化が必要であり、ある程度自律的な働き方が求められ、コンピュータにはできない同僚や顧客との対応能力が求められるようになる。これらの能力は、基本的に高学歴者の能力と重なる部分が大きい。

IT導入によって生産性が高まるためには、判断能力・分析能力をもつ高い人的資本の労働者が存在することと、企業組織が分権化されたかたちのものになっていることの二つの条件が必要だとされている。スタンフォード大学のブレスナハン教授は、この点をアメリカのデータで実証している（Bresnahan, Brynjolfsson and Hitt, 1999）。同様の分析が、旧経済企画庁でも行われ、日本企業においてもITの導入が生産性を高めるためには、高学歴者と組織改革が必要であることが示されている。

ＩＴ革命が賃金格差を高めるという論点は、デジタル・デバイドといわれるＩＴ革命の負の側面として指摘されることが多い。しかし、このようにＩＴ革命が高学歴者に対する需要増加をもたらすことが賃金格差の原因であるならば、その対処の方法は、高学歴者の供給増加政策である。無理に賃金格差を縮小するような政策をとったとすれば、高い学歴を身につけようとする意欲を低下させることになる。ＩＴ革命に対応するために、単なるパソコンの操作を身につけさせようとする政策を行うことも賃金格差の縮小にはつながらない。ＩＴ技術の習得は高学歴者にとっては、賃金引き上げ要因となるが、低学歴者にとっては賃金の引き上げをもたらさない。ＩＴと補完的な判断能力・分析能力の習得が必要なのである。

低成長経済と賃金格差

人々が格差拡大感を感じる理由として、実際には賃金格差の大きさはそれほど変わっていないにもかかわらず、心理的に格差拡大を感じさせる状況が存在している可能性は考えられないだろうか。日本企業においては、通常新規学卒で入社した時の初任給にはほとんど差がない。しかし、その後徐々に、査定や昇進格差を反映して賃金上昇率が異なってくることが賃金格差をもたらす。

平均賃金引き上げ率が高い場合には、下位の労働者であっても名目で賃金が引き下げられるということは希《まれ》であった。たとえば、平均賃上げ率が五パーセントであれば、上位のものは賃上げ率が一〇パーセント、下位のものは賃金据え置き、という昇給により、賃金格差はかなり拡大するが、賃下げのものはいない。しかし、デフレを背景に平均での賃金引き上げ率がゼロの状況で、先ほどと同じ昇給率の格差をつけるためには、成績上位の労働者は、五パーセントの賃上げ、成績下位の労働者は、五パーセントの賃金の引き下げが必要になる。つまり、上位者と下位者の賃金格差の大きさが以前と同じであっても、下位者の賃金が名目で引き下げられるという事態が発生している。

名目で賃金が下がるということの衝撃は大きく、労働者の間の格差拡大感を実態以上に強くする可能性が高い。これが、九〇年代末以降、人々に格差拡大を感じさせた原因の一つではないだろうか。

所得格差と「小さな政府」

所得再分配政策の支持

日本で所得格差が拡大していると感じている人々が多いこと、勤労世代で消費の格差拡大

図Ⅳ－6　世帯所得階級別再分配政策支持率

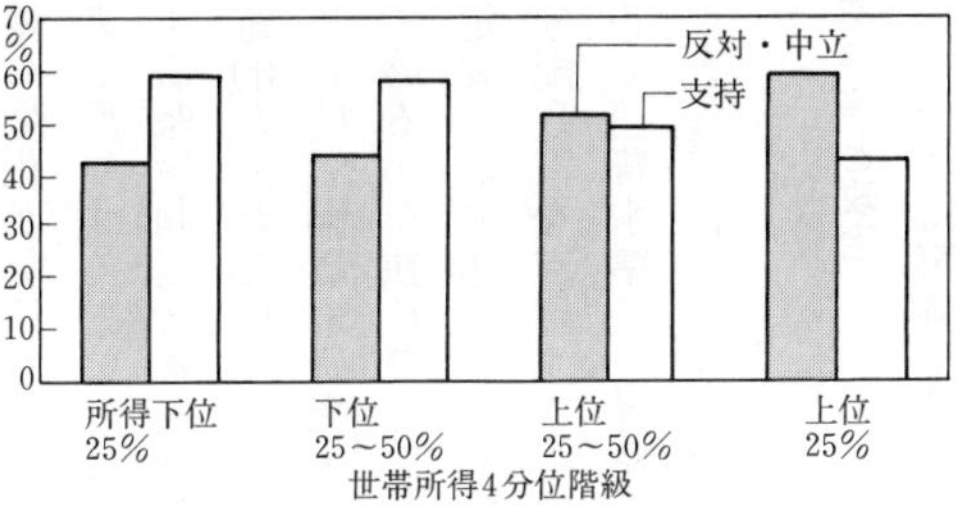

大竹「くらしと社会に関するアンケート」(2002) より作成

が進展してきたことをみてきた。資産や将来所得の格差が拡大しているなかで、人々は税制や社会保障制度を通じた所得再分配政策の強化を支持しているのだろうか。どのような人が所得再分配政策の強化を望むかを、経済学的に整理してみよう。当然、低所得者は再分配政策の受益者なので、再分配政策を支持する可能性が高い。ただ、低所得者だからといって全員が再分配政策を支持するわけではない。図Ⅳ－6は筆者が行った調査をもとに、所得階級別に再分配政策の強化を支持するか否かを示したものである。たしかに所得が低い人では、再分配政策への支持率が高い。しかし、低所得者でも再分配政策の強化を支持しない人も多い。

低所得者であっても、再分配政策を支持しない人はどのような人だろう。今は低所得であっても、将来高所得になると予想している人は、再分配制度の強化によって逆に生涯所得が低下してしまう可能性がある。逆に、現在高所得でも、失業不安をもっている場合のように将来低所得になる可能性が高いと考えていれば、再分配政策の強化を支持する。将来の所得の変化が見込まれない高齢者においては、低所得者が所得再分配の強化に賛成し、高所得者が反対するということが明確に観察されるはずである。一方、所得再分配制度は所得に対する保険制度と考えることもできる。そうすると、所得再分配政策を支持するのは、危険回避的な人だということになる。

筆者は労働政策研究・研修機構の富岡淳氏と、どのような人が所得再分配政策の強化を望んでいるかを独自のアンケート調査をもとに分析した。その結果、日本の再分配政策支持の決定要因が先述のような経済理論的な予想と整合的であることを明らかにした。具体的には、再分配政策を支持するのは、低所得者であり、危険回避度が高い人である。将来所得の上昇予想や消費水準の上昇を予想する人は、再分配政策を支持しない。失業経験、失業不安をもった人は、再分配強化政策を支持している(大竹、二〇〇五)。

不平等と政治

人々の所得再分配政策に対する考え方は、現在と将来の所得水準、リスクに対する態度などの経済的要因で決まるが、現実の所得再分配政策がそれを反映するとは限らない。

ハーバード大学のアレジーナ教授らは、ヨーロッパに比べてアメリカの所得再分配制度が充実していない理由を実証的に分析している(Alesina, Di Tella and MacCulloch, 2004)。その結果によると、所得の不平等度、税制の効率性、所得階層間移動の程度などの経済的要因では、アメリカとヨーロッパの再分配政策の差を説明できないという。両者の差を説明するのは、政治制度の差と低所得者に対する考え方の違いにある。実際、比例選挙の比重が高い国のほうが二大政党制（小選挙区制度）の国より再分配の程度が高い。再分配の便益を受ける人が少数なら、小選挙区制では再分配強化を訴える政党が育ちにくいからである。

図Ⅳ－7　所得はどのように決まっているか

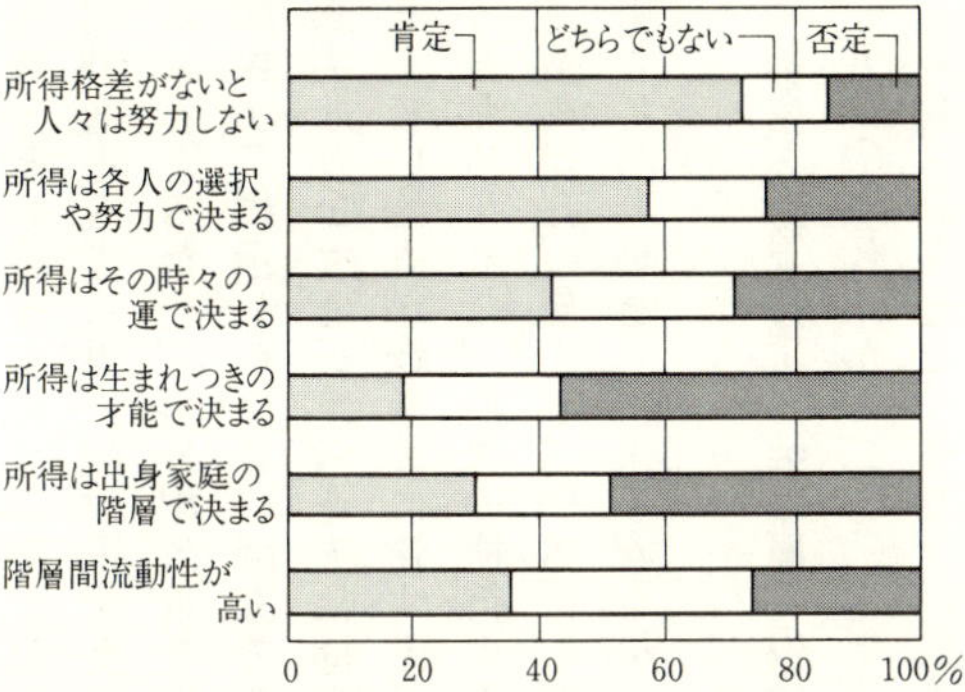

大竹「くらしと社会に関するアンケート」(2002) より作成

　また、アレジーナ教授らは、人種が多様な国や州ほど再分配の程度が低いという事実から、人種的偏見が再分配の程度を引き下げることを示した。再分配政策が少数派人種を優遇していると信じる傾向が、アメリカ人には強いという統計データも示されている。

　相手が利他的な行動をとるなら自分も利他的な行動をとるという、互恵的な利他主義も重要な要因になっている。運が貧困の原因なら互恵的な利他主義者は再分配政策を支持するが、怠惰が貧困の原因なら、自らを怠惰ではないと信じている互恵的利他主義者は再分配政策を支持しないという。実際、アメリカ人の多くは貧困の原因は怠惰にあると考えるため、再分配政策を支持しない。

図Ⅳ-7に示した筆者の調査でも、日本人の七割を超える人が「十分な格差がないと人々は努力しない」という考え方に同意しており、「所得は各人の選択や努力によって決まる」と考えている人が過半数に達する。技術革新やグローバル化を背景にした賃金格差の高まりにみられるように、将来の所得の不確実性が高まっている。再分配制度を一部の低所得者を救うものから、努力しているにもかかわらず運が悪い人を広く救う制度に変えて所得保険的なものにしないと、将来不安を抱える多くの日本人の支持は得られない。

高齢層での格差縮小・若年層での格差拡大

一九九〇年代末から二〇〇〇年代はじめ、日本では失業率が高まり、生活保護世帯も増え、ホームレスも増えた。一方で、高級品が売れるという。企業においても成果主義型の賃金制度の導入が進み、賃金格差を拡大する方向に動いている。このような動きは多くの人に格差拡大を実感させている。実際、一九九九年の「国民生活選好度調査」（当時の経済企画庁）によれば、所得・収入の格差が一〇年前と比較して拡大したかという問いに対して約四割が

「拡大した」と答え、約三割が「縮小した」と答えている。特に、三〇代や高所得層で拡大したと答えている人が多い。

統計的にみると、日本の所得格差が大きく上昇したのは、八〇年代であって九〇年代ではない。この点は、格差拡大論が九〇年代末から注目されだしたこととは異なる。しかも、日本で八〇年代に格差が拡大した最大の理由は、人口の高齢化であった。もともと所得格差が大きい高齢層の人口に占める比率が上昇してきたのである。九〇年代には、労働人口の高齢化が収まったため賃金の不平等化の速度は低下してきた。

ただし、年金制度の成熟化にともない高齢者内の所得格差は縮小している。逆に、若年層内での所得格差がより拡大している。若年層での格差拡大は、フリーターの増加、少子化・低成長化にともなう親からの相続や贈与の影響の増大が原因であろう。

それでは、どうして人々は、格差拡大を最近になって実感しているのであろうか。筆者は、二〇〇二年に所得格差に関するアンケート調査を行った。その結果、所得格差の拡大を感じている人は、貧困者・ホームレスの増加を認識している人、若年層よりも中高年齢層、高学歴層、失業不安をもっている人であることが判明した。つまり、中高年を中心に成果主義的な賃金制度の導入による今後の賃金格差拡大予想や、失業・ホームレスの増加が、人々に格差拡大を実感させているのである。

所得格差の拡大が生じていることを認識している人が多いにもかかわらず、小さな政府を目指す政権への支持率も高い。日本では、単に無駄遣いをなくすことが小さな政府を目指すことと混同されている。もともと小さな政府とは、行うべき役割が少ない政府のことをいい、所得再分配機能が小さな政府も、その一つである。税制や社会保障を通じて所得格差を小さくするのであれば、大きな政府を目指すべきである。

低い負担と高い負担感

「日本は大きな政府であるから、小さな政府を目指すべきだ」、という考え方は、あまりにも当然のこととして日本では受け入れられているようにみえる。大きな政府の証拠として、高い国民負担率がしばしば指摘される。国民負担率は、GDPに対する租税と社会保険料負担の合計の比率で、これが、五〇パーセントを超えないようにするというのが小泉政権の目標である。

ところで、税金と社会保険料は本当に国民の負担なのであろうか。仮に、政府が集めた税金や社会保険料を捨ててしまうのであれば、その額は完全に国民の負担となる。しかし、税金が日本国内で有益に使われたり、貧しい人の生活を助けるために使われるかぎり、国民のなかでは負担と同じ額のリターンがあるはずで、国民全体では負担にはなっていない。日本の税制は累進税制で、高所得者がより多くの税金を負担する一方、政府支出の便益は、国民一様に行き渡るわけではないので、個々人のレベルでは、租税を純粋に負担している人々も多い。それでも、政府からの便益がゼロという国民はいないため、租税負担率がそのまま純負担率となるわけではない。

公的年金保険料はどうであろうか。公的年金が積立方式で運営されていたとしよう。積立方式では、各自の拠出する保険料が積み立てられていき、老後にその積立金が取り崩され、年金として支給される。この場合に支払う年金保険料を、負担と呼ぶことは適当でないのは明白だろう。積立方式の公的年金制度では、毎月の年金保険料は単なる貯蓄の毎月の積立額にほかならない。長寿化で引退期間が長期になれば、当然老後生活をまかなうために必要な積立額が増加し、保険料率は高くなる。しかし、その同じ金額が老後に年金給付として支払われるのであれば、年金保険料は国民にとって負担にはならない。

だが、現実の日本の年金保険料が若い世代の人に負担となっているのは事実である。それは、現在の公的年金制度が積立方式ではなく、賦課方式で運営されているからである。現在の勤労者が支払った保険料は積み立てられていくのではなく、多くの部分がそのまま現在の高齢者に支払われている。現在の若年世代が高齢者になった時に、支払った額と同じ給付を受けられないことは、多くの国民が知っている。高齢化が進むにもかかわらず年金保険料があまり引き上げられないのであれば、一人あたりの給付額が今よりも低下するのは明らかである。つまり、高齢化の進展する過程では、賦課方式の公的年金の保険料の一部は、若い世代には純粋な負担になる。

国民負担率を大きくしない、という議論の背景には、日本の政府がすでに大きすぎて、より「小さな政府」を目指すべきだという暗黙の了解があるように思える。しかし、二〇〇四年における日本の一般政府総支出の対GDP比は三七パーセントで、アメリカの三六パーセントに並んで世界の先進国のなかでは最も低い水準にある。ちなみに、OECD諸国の平均は約四一パーセントである。

ではどうして、日本の財政赤字は先進国のなかで最も深刻なのであろうか。当たり前のことであるが、日本の税率が先進国のなかで最低の水準にあるからである。実際、二〇〇四年度の租税負担率は二一・一パーセントで、先進国のなかで最低の水準である。なかでも、個人所得税の対GDP比は六・一パーセントにすぎず、アメリカの一四・八パーセント、フランスの一〇・九パーセントと比較しても低い水準にある。

実は、日本の個人所得税負担は低下してきている。一九八六年には個人所得税の対GDP比は八・九パーセントだったものが二〇〇四年には六・一パーセントに下がったのだ。「そんなバカな」と思う人は多いだろう。給与明細をみても、税引き前の賃金と手取り賃金はずいぶん違う。非常に重い税負担をしていると感じている人が大半であろう。最近は税金が毎年増えて大変になっていく一方だと感じている人も多いはずだ。しかし、九〇年代は減税が行われてきた。それでも増税感を感じるのは、社会保険料が継続的に引き上げられてきたからである。減税は最高税率の引き下げを中心とした累進度の低下を中心に行われ、事実上比例税である年金保険料が引き上げられてきたことで、日本の租税体系は所得再分配機能を弱めてきた。デフレの継続で所得があまり上がらないなかで、社会保険料の引き上げが続くと、低・中所得者は重税感を感じることになる。

累進度の低下を中心とした税制改革や、比例的社会保険料の引き上げによって所得再分配機能を低下させることは、構造改革が進展している時期には必ずしも望ましい政策ではない。技術革新や規制緩和は、失業をはじめとして所得分配に大きな影響を与える。

企業の倒産の増加やリストラの増加で失業不安が高まっている現在、国民の多くは安全と安心を以前よりも強く求めているといわれる。危険回避的な日本人にとって、少々政府が大きくなっても、所得再分配機能を強めセーフティネットを充実させたほうが、小さな政府のもとで失業不安におびえるよりも幸せなはずである。

ところが、政治的な理由で、税制・社会保障改革が所得比例税・消費税の増税でしか行えないという制約がかけられ、多くの日本人は低い国民負担のもとで失業不安におびえるという選択をせざるをえなくなっている。社会保障の一体改革を推進する際には、まずこの点に留意すべきである。

「真の国民負担」とは何か

こうした問題を解決するには、公的年金の再分配部分と所得比例部分を明確に分離しなければならない。所得再分配の役割を果たしている基礎年金の部分は、累進所得税と消費税を中心にした租税で負担し、年金給付の所得比例部分のみを保険料でまかなうかたちにする。年金保険料については、所得再分配の役割をなくしてしまうのである。そうすると、公的年金保険の所得比例部分は、その本来の使命である長生きのリスクに対応するための保険機能だけになる。この場合、公的年金の保険料は、公的負担の概念から堂々と外すことができ、公的負担は真に負担と給付が直接対応しない租税負担のみの議論になる。

「真の国民負担」は、税金が課せられることで、勤労意欲が低下することから発生する。最高税率は一九八六年に八八パーセントだったが、二〇〇五年時点では五〇パーセントになっている。高額所得者の税負担が大幅に引き下げられた一方、所得にかかわらず低率で課せられる社会保険料が引き上げられ続けている。税率引き下げによる高所得者の勤労意欲の上昇効果と、社会保険料引き上げによる中・低所得者の勤労意欲低下効果のどちらが大きいであろうか。もし、高額所得者が高額の所得を得ることができる源泉が、運や生まれながらの才能にあるのであれば、税率の変化は彼らの労働意欲に大きな影響を与えないはずだ。所得番付に登場する人たちの所得のかなりの部分は、運・不運や生まれつきの才能によるものではないだろうか。勤労意欲の低下という「真の国民負担」を最小にすることこそが、税制改革・社会保障改革に求められる。

エピローグ　所得が不平等なのは不幸なのか

誰が所得の不平等を不幸と感じるのか

そもそも所得格差の拡大は、問題なのだろうか。人々は本当に所得格差拡大を問題だと思っているのだろうか。格差拡大を問題視する人がいる一方で、日本が過度の平等主義にあったと考えている人は、格差拡大を歓迎しているかもしれない。

筆者は「所得格差の拡大は問題であると思うか否か」を直接アンケート調査で人々に質問してみた。その結果によれば、所得格差拡大に肯定的なのは、高学歴者、高所得者、高資産保有者であり、所得格差拡大に否定的なのは、貧困者・ホームレスの増加を実感している人と、危険回避的な人である（大竹、二〇〇五）。

所得格差の拡大がどんなものでも問題だというわけではない。格差拡大の理由によっては、格差拡大に賛成する人も多くなる。内閣府の「国民生活選好度調査」によれば「個人の選択や努力の違いによる所得等の格差は当然である」という考え方を肯定する人は、日本人の七割であり、年収が高い人ほどその割合が高い。一方で、「個人の持って生まれた能力が異なるために、所得等の格差は当然である」という考え方を肯定する人は約五割であり、年齢が高いほど肯定的である。また、能力主義的な人事・賃金制度についても四割の人が肯定的であるという。つまり、努力や能力による所得格差を認める人は結構多い。筆者自身が行ったアンケート調査でも、同じような結果が出ていた。

ところで、所得の不平等度が高いことを不幸なことだと考えるのは、万国共通なのだろうか。ハーバード大学のアレジーナ教授らは、ヨーロッパ（EU諸国）とアメリカについて、膨大なデータを用いて比較研究を行った。[1] 彼らの研究によれば、ヨーロッパでは不平等度が高まると人々は幸福感を感じなくなるのに対して、アメリカ人は不平等度が高まっても幸福感が影響を受けないという。

この違いを説明する二つの仮説がある。第一の仮説は、「ヨーロッパの人々は平等を好むがアメリカ人はそうでない」という「平等感の違い仮説」と呼べるものだ。危険に対する態度の差もその一つである。第二の仮説は、「アメリカでは、所得階級間の移動率が高いので、現在貧しいことは必ずしも将来の貧しさを意味しない。そのため、所得格差が高いことそれ自体は不幸に結びつかない」という「所得階層間移動仮説」と呼べるものである。

彼らは、左派か右派かというイデオロギー別、所得階層別に、不平等と幸福感の関係を分析することで、これらの仮説を確かめた。左派と右派というイデオロギーによって不平等が幸福に与える影響が異なり、左派と右派の比率がアメリカとヨーロッパで違うのであれば、第一の「平等感の違い仮説」が成り立つ。一方、ヨーロッパの低所得の人々が不平等を特に気にしているのであれば、第二の「所得階層間移動仮説」が成り立つ。

結果は、「所得階層間移動仮説」と整合的であった。アメリカ人で不平等を気にしているのは、貧しい人々ではなく、豊かで左派の人々である。一方、ヨーロッパでは、左派だけでなく、貧しい人々も不平等は不幸であると考えている。左派の人々が平等を重視するのは同じであるが、貧しい人々が不平等を不幸だと感じるのは、ヨーロッパに限られているのである。ヨーロッパの方が、アメリカに比べて、所得階層間の移動率が低いことが、ヨーロッパで所得の不平等が深刻な問題だと考えられる理由なのである。

日本は、アメリカとヨーロッパのどちらに近いのであろうか。日本では、実際には所得格差がそれほど拡大していないにもかかわらず、所得格差の拡大について大きな関心がもたれている。また、「所得格差の拡大は問題だ」と考える人は、所得や資産が低い人々に多い。これは、ヨーロッパの人々の不平等に対する考え方に近い。つまり、所得階層間の移動可能性が低い社会になっていることを反映しているのではないだろうか。仮に、階層間の移動の可能性が高ければ、現在所得が低い人であっても、努力すれば高所得者になることが可能であるので、努力の結果格差が生じることを容認するはずである。

所得の平等か機会の均等か

実際、日本の場合、就職の機会は新規学卒の時点に限られていた。景気がよかった時点で採用された世代は賃金も高いし離職率も低い。逆転が難しい社会では、わずかな格差も生涯にわたって続くと大きな差になってしまう。

高齢者にとって将来の逆転の可能性は、若年者に比べて小さい。人口高齢化は、逆転が困難な高齢者の比率を高める。そのため、高齢低所得者を中心に不平等への不満が高まり、再分配政策を強化する政策への支持が強まるのは自然である。

むしろ重要なのは、所得格差拡大の兆しが見える若年世代である。特に、近年観察されているように所得階層間移動が小さくなると、生涯にわたる所得格差はより大きくなる。労働市場のさらなる整備と能力開発の促進を通じて、将来の逆転が可能な社会にしていくことが、若年層に拡がる閉塞感を打破するために必要であろう。低所得フリーターから脱出できるような仕組みをつくることが急務である。

少子化と低成長は、親からもらう相続や贈与が若者の資産に占める比重を高める。子供の数が少ないと、一人あたりの遺産や贈与の額が大きくなるため、親の資産格差を子供が引き継ぐ可能性が高くなる。低成長社会になると、フローの所得の比率は小さくなるため、親から受け継ぐストックの比重が高くなるのである。生まれながらにして、さまざまな才能に格差があることは否定できない。少子化によって、持った親によって以前より大きな格差がつく社会になってきたことを私たちはしっかりと認識すべきではないだろうか。

企業内の賃金制度も移動可能性と一体で考える必要がある。すなわち、企業内の賃金格差を拡大する場合には、同時に逆転が可能な人事制度を組み込むことが必要である。人の働き方の評価をすべて客観的な指標で行うことができるという考えは幻想である。結局主観的な指標に頼らざるをえないことが多い。評価に誤差はつきものである。評価するものとされるものの組み合わせが、定期的に変わる職場では、ある程度の評価の信頼性は担保できる。仮に上司と部下の相性が悪く、部下が低い評価を受けたとしても、しばらくすると上司は異動する可能性があれば、部下は次の上司に高く評価してもらうチャンスがある。そういう職場では、主観的指標であっても、それをもとに賃金格差を拡大することに耐えることができるだろう。

しかし、職場によっては、上司と部下の組み合わせが固定的な場合もある。このような職場で、評価によって大きな賃金格差をつけることを可能にすることの弊害は大きい。企業内で上司と部下の組み合わせが変わらないのであれば、企業を移ることで上司を変えるしか方法はない。逆転の可能性があれば、人々は格差拡大に耐えられるが、そうでなければ耐えられない。

機会の不平等や階層が固定的な社会を前提として所得の平等主義を進めるべきなのか、機会均等を目指して所得の不平等そのものをそれほど気にしない社会を目指すべきなのか、我々は真剣に考えるべき時期にいる。

経済学的思考のセンス

本書では、経済学的思考によって身近にあるさまざまな格差を考えてきた。たとえば、お金がない人を助ける上で一番難しいことは、本当にお金に困っている人を見つけることだった。それは、「助けてもらえる制度」の作り方によっては、本当はお金に困っていない人が、まじめに働くインセンティブを失って、困ったふりをすることに原因があった。経済学的思考の本質は、人々のインセンティブという観点からものごとを見直すという点にある。所得格差を解消することの難しさは、幸運・才能・努力といった格差の源泉について、私たちが十分な情報をもっていないことから発生している。十分な情報がないために、困ったふりをする人々が現れてしまい、本当に困った人を救えなくなってしまうのだ。

経済学に不信感をもつ人々の多くは、金銭的なインセンティブにもとづいて人間は行動しているわけではないと考えているのではないだろうか。たしかに、人間の行動原理は、金銭的インセンティブだけではない。それでも、金銭的インセンティブがまったくないと考えるのは無理がある。死亡時期でさえ、金銭的インセンティブに影響されてしまうのだ。賃金制度や社会保障制度を考える上で、金銭的インセンティブの存在を無視すると、人々がやる気をなくして多大な無駄を発生させてしまう。

ただし、非金銭的インセンティブの存在を無視してしまうことも無駄を生んでしまう。非金銭的インセンティブが人々の行動原理になっていることが多いのも本書で再三指摘してきたとおりである。

使命感、生き甲斐、仕事の面白さ、社会的な名誉、社会的な倫理観といった非金銭的なインセンティブによって人々が働いていた時に、不十分な金銭的インセンティブを導入した途端、非金銭的インセンティブが機能しなくなることもある。ある優秀な技術者は、賃金ではなく、社内で尊敬されていることを誇りにして働いているかもしれない。ところが、金銭的な報酬でその技術者に報いようとした途端に、「あれだけのお金をもらっているのだから、優れた発明をするのは当然だ」という考え方が社内に広まってしまえば、技術者の非金銭的インセンティブは損なわれてしまうだろう。金銭的インセンティブを示された技術者は、

「今まで努力してきたことが、金銭に換算するとその程度のものであったのか」と感じて、意欲をなくすかもしれない。

その上、人々は必ずしも合理的ではないことも事実である。私たちが、ついつい宿題を先延ばししたり、食べ過ぎたりするのは、時間を通じて整合的な決定ができないことにあった。しかし、どんな場合でも、私たちが非合理性的な行動をするわけでもない。

税制・社会保障制度・人事制度などの社会制度の設計が難しいのは、金銭的インセンティブをきちんと考えるだけでも難しいのに、非金銭的インセンティブの影響まできちんと考える必要があるからだ。逆にいえば、私たちが社会の制度を設計していく上で一番大事なのは、人々が金銭的インセンティブや非金銭的インセンティブにどの程度、感応的であるかを知っておくことである。

インセンティブへの感応度を知る際に重要なことは、因果関係を正確に理解することだ。「マトモな人はもう結婚している」といった場合、マトモな人が結婚している可能性が高いという意味で相関関係が成り立っているとしても、マトモな人だから結婚したという因果関係を表すとはかぎらない。結婚したからマトモな人になったという因果関係も十分に考えられるからである。この例からわかることは、相関関係をもとに事実を解釈することの危うさである。実験が可能な自然科学の多くの分野では、実験によって因果関係を明らかにすることができる。しかし、経済学では社会実験を行うことは難しい。だからこそ、統計データから単なる相関関係ではなく、因果関係を見つけだすセンスを身につけることが、経済学では重要なのだ。

「経済学的思考のセンス」がある人とは、インセンティブの観点から社会を視る力と因果関係を見つけだす力をもっている人だと筆者は考えている。ここまで本書を読んでいただいた方は、経済学的思考のセンスが磨かれて、すべてのことがらを経済学的に考えてしまう癖がついてしまったのではないだろうか。

あなたはもう、「経済学中毒」にかかってしまったかもしれない。

1　Alesina, Alberto, Rafael Di Tella and Robert MacCulloch (2004)

あとがき

本書は、日常のさまざまな話題を経済学の視点で議論することを通じて、経済学の本質を読者に理解していただくことを目指したものだ。その意味で普通の経済学入門書とはかなり違っている。実際、本書には需要曲線も供給曲線も出てこない。通常、経済学の入門書は、需要、供給、市場という経済学用語を説明することに力を注いでいる。需要曲線と供給曲線の交点で価格と数量が決まるという説明もその一つである。グラフに拒否反応を示す人は、それだけで経済学が嫌いになってしまう。なかには、抽象的な議論を聞いただけで、経済学が役に立たないと思う人もいる。経済学の本質はインセンティブと因果関係を理解することにあるのに、残念なことにそこまでたどり着かない人が多い。そこで、経済学的な考え方を、具体的な話題をもとに、最先端の研究も参照しながら紹介できれば、と思って本書を執筆した。「こんなことも本当に経済学なのか」と驚かれた読者も多いのではないだろうか。本書をきっかけに、少しでも経済学に関心をもっていただければ望外の幸せである。

この本のもとになった原稿の多くは、シンクタンクの中部産政研が発行する季刊誌「産政研フォーラム」に二〇〇一年十一月から連載した「社会を見る眼」というエッセイである。第Ⅲ章は、拙著『雇用問題を考える』(大阪大学出版会)の第二章を、第Ⅳ章は「日本経済新聞」の「やさしい経済学」(二〇〇四年七月十四日〜二十三日)に連載したものを、それぞれ大幅に加筆修正している。

本書のもとになった原稿には、多くの方からコメントをいただいた。特に、池田新介、石田淑恵、大田弘子、荻野勝彦、奥平寛子、小野善康、川口大司、小原美紀、玄田有史、齊藤誠、高岡けい子、竹中慎二、田中隆一、時子山くり子、長瀬護、安井健悟の各氏にお礼を申し上げたい。中部産政研の願興寺ひろし、上中健人、矢辺憲二の各氏には、「産政研フォーラム」に自由にエッセイを書く機会を提供していただいたことに感謝したい。研究室の村島吉世子さんは、本書の原稿を整理してくださった上、本書の最初の読者として数多くのコメントをくださった。実は、エッセイのテーマのいくつかは彼女の要望に応えたものである。本書の内容が少しでも読者の関心を惹くものになったとすれば、それは彼女の貢献である。

大塚砂織さんには、本書のために素敵なイラストを描いていただいた。大塚さんのイラストのおかげで、本書がずいぶん親しみやすいものになったと思う。

中央公論新社の小野一雄氏から中公新書執筆の打診を受けたのは二〇〇二年十二月だった。それから、内容を固めるまで数年が経過した。ようやく二〇〇五年七月に原稿を仕上げて、いざ小野さんに原稿を提出しようとしたら、彼は中公新書の担当を外れてしまっていた。そこで担当を引き継いでくれたのが吉田大作氏だ。吉田さんの仕事ぶりは、まさに編集のプロというものだった。丁寧に内容をチェックしていただき、本書を改善するための数々の優れたアイディアを出していただいた。小野さんと吉田さんに、あらためてお礼を申し上げたい。

プロローグで総合学習のインタビューを申し込んできた近所の小学生は、当時五年生だった長男の雄河のグループだ。体育を休むためにお腹が痛いと嘘をつく子供を見破る方法を教えてくれたのは、当時二年生だった次男の遼河だ。本書の執筆を支えてくれた妻の直子と二人の子供たちに感謝したい。

二〇〇五年十一月

大竹文雄

参考文献

梅崎修（二〇〇四）「成績・クラブ活動と就職――新規大卒市場おけるOBネットワークの利用」松繁寿和編『大学教育効果の実証分析』第二章、二九―四八頁、日本評論社
太田聰一・大竹文雄（二〇〇三）「企業成長と労働意欲」『フィナンシャル・レビュー』六七号、四―三四頁
大竹文雄（二〇〇五）『日本の不平等』日本経済新聞社
大竹文雄・唐渡広志（二〇〇三）「成果主義的賃金制度と労働意欲」『経済研究』五四巻三号、一―二〇頁
大竹文雄・富岡淳（二〇〇二）「幸福度と所得格差」日本経済学会春季大会（小樽商科大学）報告論文
川口章（二〇〇一）「女性のマリッジ・プレミアム――結婚・出産が就業・賃金に与える影響」『季刊家計経済研究』五一号、夏、六三―七一頁
小原美紀・大竹文雄（二〇〇一）「コンピューター使用が賃金に与える影響」『日本労働研究雑誌』四九四号、一六―三〇頁

酒井順子（二〇〇四）『負け犬の遠吠え』講談社
佐藤俊樹（二〇〇二）『００年代の格差ゲーム』中央公論新社
シェル、エレン・ラペル（二〇〇三）『太りゆく人類――肥満遺伝子と過食社会』早川書房
竹中慎二（二〇〇五）「『ミリオネア』挑戦者は危険回避的か」大阪大学大学院、未公刊論文
多田洋介（二〇〇四）『行動経済学入門』日本経済新聞社
筒井義郎・池田新介・大竹文雄（二〇〇四）「阪大における危険回避度実験および時間選好率実験」http://www2.econ.osaka-u.ac.jp/coe/project/experiment-0403rev.pdf
西村肇（二〇〇三）『人の値段　考え方と計算』講談社
樋口美雄（一九九一）『日本経済と就業行動』東洋経済新報社
松繁寿和（二〇〇四）「英語力と昇進・所得――イングリッシュ・ディバイドは生じているか」松繁寿和編『大学教育効果の実証分析』第二章、二九―四八頁、日本評論社
松繁寿和（二〇〇五）「体育会系の能力」『日本労働研究雑誌』五三七号、四九―五一頁
八田達夫・小口登良（一九九九）『年金改革論――積み立て方式へ移行せよ』日本経済新聞社
山鹿久木・中川雅之・齊藤誠（二〇〇二ａ）「地震危険度と地価形成――東京都の事例」『応用地域学研究』七号、五一―六二頁
山鹿久木・中川雅之・齊藤誠（二〇〇二ｂ）「地震危険度と家賃――耐震対策のための政策インプリケーション」『日本経済研究』四六号、一―二一頁
勇上和史（二〇〇五）「ゴルフの経済学」『日本労働研究雑誌』五三七号、四一―四三頁

Alesina, Alberto, Rafael Di Tella and Robert MacCulloch (2004) "Inequality and Happiness : Are Europeans and Americans Different ?", *Journal of Public Economics*, 88(9-10), pp.2009-2042.

Antonovics, Kate and Robert Town (2004) "Are All the Good Men Married? Uncovering the Sources of the Marital Wage Premium," *American Economic Review*, Vol.94, No.2, pp.317-321.

Barro, Robert (2002) *Nothing is sacred : Economic Ideas for the New Millennium*, The MIT Press. (バロー〔二〇〇三〕『バロー教授の経済学でここまでできる!』東洋経済新報社)

Bernard, Andrew B. and Meghan R. Busse (2004) "Who Wins the Olympic Games : Economic Resources and Medal Totals," *Review of Economics and Statistics*, Vol.86, No.1.

Biddle, Jeff E. and Daniel S. Hamermesh (1998) "Beauty, Productivity, and Discrimination : Lawyers' Looks and Lucre," *Journal of Labor Economics*, 16(1), pp.172-201.

Bresnahan, Timothy F. and Erik Brynjolfsson and Lorin Hitt (1999) "Information Technology, Workplace Organization, and the Demand for Skilled Labor : Firm-Level Evidence," *National Bureau of Economic Research*, Working Paper No.7136.

Bruce, Neil and Michael Waldman (1990) "The Rotten-Kid Theorem Meets the Samaritan's Dilemma," *Quarterly Journal of Economics*, 105(1), pp.155-165.

Carmichael, H. Lorne (1988) "Incentives in Academics : Why Is There Tenure ?", *Journal of Political Economy*, 96(3), June, pp.453-472.

Cutler, David M., Edward L. Glaeser and Jesse M. Shapiro (2003) "Why Have Americans Become More Obese ?", *Journal of Economic Perspectives*, Vol.17, No.3, pp.93-118.

Dobson, Stephen and John Goddard (2001) *The Economics of Football*, Cambridge University Press.

Ehrenberg, Ronald G. and Michael L. Bognanno (1990a) "The Incentive Effects of Tournaments Revisited : Evidence From the European PGA Tour," *Industrial and Labor Relations Review*, Special Issue, pp.74-88.

Ehrenberg, Ronald G. and Michael L. Bognanno (1990b) "Do Tournaments Have Incentive Effects ?," *Journal of Political Economy*, 98 (6), pp.1307-1324.

Flinn, Christopher J. (2002) "Labour Market Structure and Inequality : A Comparison of Italy and the U. S.," *Review of Economic Studies*, 69, pp.611-645.

Hamermesh, Daniel S. and Neal M. Soss (1974) "An Economic Theory of Suicide," *Journal of Political Economy*, 82 (1), pp.83-98.

Hamermesh, Daniel S. and Jeff E. Biddle (1994) "Beauty and the Labor Market," *American Economic Review*, 84 (5), pp.1174-1194.

Hamermesh, Daniel S., Xin Meng and Junsen Zhang (1999) "Dress for Success : Does Primping Pay ?," *National Bureau of Economic Research*, Working Paper No.7167.

Harper, Barry (2000) "Beauty, Stature and the Labour Market : A British Cohort Study," *Oxford Bulletin of Economics and Statistics*, Special Issue ; 62 (0), pp.771-800.

Kopczuk, Wojciech and Joel Slemrod (2001) "Dying to Save Taxes : Evidence from Estate Tax Returns on the Death Elasticity," *National Bureau of Economic Research*, Working Paper No.W8158.

Krueger, Alan B. (1993) "How Computers Have Changed the Wage Structure : Evidence from Microdata,

1984-1989," *The Quarterly Journal of Economics*, 108(1), pp.33-60.
Matin, John P. (1998) "What Works Among Active Labour Market Policies : Evidence From OECD Countries' Experiences," *OECD, Labour Market and Social Policy-Occasional Papers* No.35.
McKenzie, Richard B. (1996) "In Defense of Academic Tenure," *Journal of Institutional and Theoretical Economics*, 152(2), June, pp.325-341.
McPherson, Michael S. and Gordon C. Winston (1983) "The Economics of Academic Tenure : A Relational Perspective," *Journal of Economic Behavior and Organization*, 4(2-3), June-September, pp.163-184.
Milgrom, Paul and John Roberts (1992) *Economics, organization and management,* Englewood Cliffs, N. J. : Prentice Hall. (ミルグロム、ロバーツ〔一九九七〕『組織の経済学』NTT出版)
Neale, Walter C. (1964) "The Peculiar Economics of Professional Sports," *Quarterly Journal of Economics*, 78, pp.1-14.
Ohtake, Fumio and Yasushi Ohkusa (1994) "Testing the Matching Hypothesis : The Case of Professional Baseball in Japan with Comparisons to the U. S.," *Journal of the Japanese and International Economies*, Vol.8, No.2, June 1994, pp.204-219.
Ohkusa, Yasushi and Fumio Ohtake (1996) "The Relationship between Supervisor and Workers—The Case of Professional Baseball in Japan," *Japan and the Economy,* 8(4), pp.475-488.
Persico, Nicola, Andrew Postlewaite, and Dan Silverman (2004) "The Effect of Adolescent Experience on Labor Market Outcomes : The Case of Height," *Journal of Political Economy*, Vol.112, No.5, pp.1019-

1053.

Pfann, Gerar A. et al. (2000) "Business Success and Businesses' Beauty Capital," *Economics Letters*, May ; 67 (2), pp.201-207.

Prendergast, Canice (2002) "The Tenuous Trade-off between Risk and Incentives," *Journal of Political Economy*, Vol.110, No.5, pp.1071-1102.

Preston, Ian and Stefan Szymanski (2000) "Racial Discrimination in English Football," *Scottish Journal of Political Economy*, 47, pp.341-363.

Richards, Donald G. and Robert C. Guell (1998) "Baseball Success and the Structure of Salaries," *Applied Economics Letters*, 5, pp.291-296

Rosen, Sherwin and Allen Sanderson (2001) "Labour Market in Professional Sports," *Economic Journal*, 111, No.469, pp.47-66.

Rottenberg, Simon (1956) "The Baseball Player's Labor Market," *Journal of Political Economy*, 64, pp.242-258.

Scully, Gerald W. (1995) *The Market Structure of Sports*, University of Chicago Press.

Szymanski, Stefan (2003) "The Economic Design of Sporting Contests," *Journal of Economic Literature*, Vol.41, pp.1137-1187.

大竹文雄（おおたけ・ふみお）

1961年（昭和36年），京都府宇治市生まれ．83年京都大学経済学部卒業．85年，大阪大学大学院経済学研究科博士前期課程修了，大阪大学経済学部助手，大阪府立大学講師を経て，現在，大阪大学社会経済研究所教授．大阪大学博士（経済学）．労働経済学専攻．

著書『労働経済学入門』（日経文庫，1998年）
『スタディガイド「入門マクロ経済学」』（日本評論社，2001年）
『雇用問題を考える――格差拡大と日本的雇用制度』（大阪大学出版会，2001年）
『応用経済学への誘い』（編著，日本評論社，2005年）
『日本の不平等――格差社会の幻想と未来』（日本経済新聞社，2005年，サントリー学芸賞，日経・経済図書文化賞，エコノミスト賞受賞）
『こんなに使える経済学』（編著，ちくま新書，2008年）
『格差と希望』（筑摩書房，2008年）

経済学的思考《けいざいがくてきしこう》のセンス
中公新書 *1824*

2005年12月20日初版
2013年3月30日15版

著　者　大竹文雄
発行者　小林敬和

本文印刷　三晃印刷
カバー印刷　大熊整美堂
製　　本　小泉製本

発行所　中央公論新社
〒104-8320
東京都中央区京橋 2-8-7
電話　販売 03-3563-1431
　　　編集 03-3563-3668
URL http://www.chuko.co.jp/

Published by CHUOKORON-SHINSHA, INC.
Printed in Japan　ISBN4-12-101824-9 C1233